마르크스의 『자본론』 읽기

세창명저산책_068

마르크스의 『자본론』 읽기

초판 1쇄 인쇄 2019년 12월 13일
초판 1쇄 발행 2019년 12월 20일
_

지은이 최형익
펴낸이 이방원
기획위원 원당희
편 집 윤원진·김명희·안효희·정조연·정우경·송원빈
디자인 손경화·박혜옥·양혜진 **영 업** 최성수 **기획·마케팅** 이미선
_

펴낸곳 세창미디어
출판신고 2013년 1월 4일 제312-2013-000002호
주소 03735 서울시 서대문구 경기대로 88 냉천빌딩 4층
전화 02-723-8660 **팩스** 02-720-4579
이메일 edit@sechangpub.co.kr **홈페이지** http://www.sechangpub.co.kr/
_

ISBN 978-89-5586-580-6 02300

_ 이 저작은 한신대학교 학술연구비 지원을 받았음.

세창명저산책_068

최형익 지음

마르크스의 『자본론』 읽기

세창미디어
MEDIA

　새로운 밀레니엄이 시작되는 2000년 새해를 맞이해 영국 BBC 방송은 아주 흥미로운 인터넷 설문조사를 실시했다. 설문 내용은 지난 천 년 동안 인류에게 가장 영향을 끼친 사상가는 누구인가 하는 것이었다. 전 세계에서 수십만 명의 네티즌들이 응답했다. 설문 결과, 마르크스가 단연 1위를 차지했다. 누구에게는 의외였고, 누구에게는 당연하게 생각할지도 모를 결과였겠지만 모든 사람이 공통적으로 인정할 수밖에 없는 사실은 마르크스는 위대한 인물이었다는 점이다.

　아인슈타인, 뉴턴, 칸트 등 수많은 사상가 또는 과학자들이 마르크스의 뒤를 따르고 있는 것을 보면 마르크스의 사상은 많은 사람에게 여전히 폭넓은 공감과 영향을 미치고 있다는 사실을 증명한 셈이다. 그도 그럴 것이 영국의 저명한 자유주의 정치철학자인 이사야 벌린 역시, 이미 1939년에 19세기 사상가 가운데 마르크스만큼 인류에게 직접적이고도 체계적이며 강력한 영향을 미친 사람은 없었다고 단언했다(벌린, 2012:16).

마르크스는 1818년 독일 남서부 라인강 지류인 모젤강가에 위치한 트리어에서 태어나 1883년 65세를 일기로 망명지였던 런던에서 눈을 감았다. 그의 영원한 동지였던 엥겔스는 마르크스 서거 직후, "인류는 머리 하나만큼 키가 줄었다, 그것도 우리 시대에 가장 뛰어난 머리 하나만큼"이라고 되뇌면서 "현대의 가장 위대한 사상가가 생각하기를 멈추었다"고 비통해했다.

하이게이트 묘지 앞에서 한 유명한 장례식 '조사弔辭'에서 엥겔스는 "다윈이 생물계의 발전법칙을 발견했듯이 마르크스는 인류 역사의 발전법칙을 발견했다"(CW24:467)고 마르크스의 업적을 한마디로 축약했다. 엥겔스의 이러한 언급에 대해서 필자는 당장의 평가를 유보할 터이지만, 인류 지성사에서 마르크스 사상이 지닌 의미가 지대했다는 것만큼은 분명히 인정할 만한 일이다.

마르크스를 지난 천 년간 인류에게 가장 영향을 미친 인물로 선택한 이유가 무엇이냐고 응답자들에게 거듭 물었다. 응답자 가운데 압도적 다수가 『자본론』의 저자이기 때문이라고 답했다. 그렇다. 마르크스와『자본론』은 불가분의 관계이다. 마르크스가『자본론』이고『자본론』이 곧 마르크스임을 우리는 거듭 확인할 수 있다. 지난 천 년간 인류에게 가장 영향을 미친 사람이 카를 마르크스이고 대표적 이유가『자본론』의 저자였다고 한다면, 향후 밀레니엄 기간에도 마르크스의『자본론』은 지속적으로 인류에게 영향을 미칠 것임이 명백하다. 바로 이것이 이 책을 쓰는 대표적 이유다.

마르크스 사상사에 있어서도『자본론』이 차지하는 지위는 결정적이다.『자본론』은 근대 부르주아 사회, 곧 자본주의 경제제도를 하나의 역사적 형태로 간주한다. 다시 말해서, 자본주의란 영원불멸의 사회가 아니라 기껏해야 15세기를 전후해서 유럽에서 등장한 특수한 경제체제라는 것이다. 따라서『자본론』은 자본주의를 그 사회의 고유한 경제법칙의 관점에서 다룬다. 달리 표현하면, 자본주의 경제체제는 인류 역사의 보편적 형태가 아니며 자본주의의 발전 근거 안에 그 쇠퇴와 몰락의 원인을 동시에 내포하고 있는, 일종의 유기체의 형태를 띠고 있다는 게 마르크스의 주장이다. 따라서 자본주의 체제의 시작이 있다면 종말 역시 필연적으로 존재할 수밖에 없다.

한국에서도 1987년 민주화 이후, 『자본론』 자체는 물론, 『자본론』에 대한 해제를 포함한 다양한 연구서들이 출간됐다. 이 책들은 주로 경제학적 관점에서 『자본론』을 분석한 저작들이다. 필자는 정치학 전공자로서 마르크스의 『자본론』을 정치적으로 독해하는 글을 학위논문으로 제출했다. 이번 '『자본론』 읽기'에서는 경제학이나 정치학의 특정 관점을 배제하고 『자본론』 자체의 내용을 충실히 전달하는 데 주안점을 두었다. 한정된 지면을 고려해서 『자본론』의 핵심 개념을 정하고 그것을 설명하는 방식으로 저술했다.

이 책에서 선정한 『자본론』의 핵심 개념은 총 7개이다. 상품, 화폐, 시초축적, 임금노동, 잉여가치, 자본의 유기적 구성의 고도화, 이윤율의 경향적 저하법칙이 바로 그것이다. 대체로 이 개념을 설명하는 순서대로 본문 목차를 구성했다. 마지막 장인 '자본주의 이후'에서 필자의 주장을 일정 부분 밝힌 것을 제외하고는 대체로 『자본론』의 내용을 충실히 전달하고자 노력했다.

위에서 언급한 7개 개념이 『자본론』의 내용을 모두 설명하는 것도 아니며 학자들마다 다른 개념이나 이론을 더 중요하게 간주할 수도 있다. 다만, 필자가 선정한 7개 개념 모두『자본론』의 이론적 기초라 할 수 있는 '노동가치론'과 논리적 연관 속에 위치하고 있다는 사실을 강조하고자 한다. 다시 말해서, 각 개념의 논리 전개는 '노동가치론'의 편제에 의거해서 개념적 특성을 부여받는다. 마르크스가 상품에 대한 설명에서『자본론』을 시작한 것도 같은 이유에서다.

마르크스가 상품에 대한 설명에서 저술을 시작한 이유는 일상적으로 접하는 상품 안에 사실은『자본론』전체의 내용을 축약해서 드러낼 수 있다고 판단했기 때문이다. 상품에 대한 분석 속에서 모습을 드러낸 '노동가치'는 화폐와 시장, 상품생산경제의 역사적 전제라 할 수 있는 시초축적을 거쳐 임금노동과 자본, 잉여가치 분석에서 절정에 달한다. 이후 다시 구체적 현실로 하강해서 자본의 유기적 구성의 고도화와 이윤율의 경향적 저하법칙에 대한 설명을 통해 정치경제학 비판의 대미를 장식한다.

물론,『자본론』이 단순히 경제학적 범주에 대한 설명에 그쳤다면 그것은 또 다른 형태의 경제학 저작에 지나지 않았을 것이다. 하지만 마르크스는『자본론』에 '노동가치론' 이상의 내용을 풀어놓는다. 그것은 '노동가치론'으로 대표되는 자본주의의 경제법칙이 인간과 사회를 어떻게 변화시키는가, 이러한 변화가 급기야 새로운 역사적 주체라 할 수 있는 '보편노동자'의 창출을 촉진시키는가 하는 것이다. 따라서 『자본론』은 자본주의 경제구조에 대한 분석임과 동시에 자본주의를 변화시키는 역사적 주체에 대한 해석이기도 하다.

마르크스가 자본주의를 무한한 생산력 발전에 기초해서 인류를 경제적 궁핍에서 해방시키는 진보적 사회체제로 간주한 것만큼은 분명한 사실이다. 하지만 자본주의 안에서의 경제발전은 전 사회구성원의 이해와 욕구에 따라 진행되는 것이 아니다. 그것은 사유재산제라는 대단히 협소한, 그리고 특수한 소유형태에 기반한 채 '이윤'이라는 한정된 자본가의 경제적 욕구에 의해서만 사회발전이 추동됨으로써 공황과 구조적 실업이라는 대량의 생산력 파괴를 면할 수 없다.

사회적으로 아무리 유용한 노동생산물이라 할지라도 이윤을 창출하지 못하는 한 비생산적 노동에 지나지 않으며 따라서 그 가치를 인정받지 못한다. 결국, 이윤이라는 협소한 기초가 아니라 사회 전체의 요구와 수요에 맞춰서, 그리고 무엇보다도 자연 환경과의 조화를 이루는 형태의 지속 가능한 발전을 추구하기 위해서는 자본주의적 사적 소유의 폐지는 물론, 사회적, 공동체적 소유로의 급진적 전환이 불가피하다는 게 『자본론』의 결론이다. 이 점에서 『자본론』은 단순한 경제학 저작이 아니다. 그 이상의, 자본주의 이후 사회의 필연성을 논했다는 측면에서 정치학 저작이라는 평가를 획득한다.

이 책은 『자본론』에 '대한' 별도의 저술이 아니라 제목 그대로 『자본론』의 핵심 내용을 요약해 놓은 것이라 해도 무방하다. 필자는 『자본론』을 포함한 마르크스의 다양한 정치경제학 저작을 가지고 박사학위논문을 쓴 관계로 『자본론』에 대한 국내외 다양한 해설서 내지 2차 저작물에 관해서 비교적 소상히 아는 편이다. 하지만 자칭, 타칭 해설서들이 『자본론』의 핵심을 이해하는 데는 그다지 도움이 되지 않는다고 판단한다.

『자본론』의 내용을 올바로 이해하기 위해서는 별도의 참고서를 거치지 말고 원서 읽기에 바로 도전하는 게 최선의 방법이다. 같은 이유에서 이 글은 기존의 『자본론』 해설서나 2차 문헌의 해석을 배제하고 『자본론』 자체의 내용을 설명하는 데 주력했다. 이 책을 『자본론』을 읽기 전에 『자본론』의 주요 내용을 개괄한 입문서 정도로 취급해 주기를 바란다. 이러한 서술전략이 성공을 거두었는지 여부에 대해서는 독자들의 판단에 맡기기로 한다.

2019년 12월

최형익

| CONTENTS |

일러두기

1. 『자본론』을 포함한 마르크스, 엥겔스 저서의 원문 출처는 '마르크스·엥겔스 영문저작집'인 Marx & Engels, *Collected Works*(=CW)에서 'CW권수:쪽수'로 본문에 직접 표기한다.

2. 기타 참고문헌은 '필자, 출간 연도:쪽수'를 기입한다. 인용에 사용한 마르크스, 엥겔스의 저작 및 기타 도서명은 참고문헌에서 밝힌다.

3. '그룬트리세(Grundrisse)'로 널리 알려진 『정치경제학비판 요강』은 『자본론』 연구노트이자 사실상 초고에 해당하기 때문에 『자본론』과 동등한 지위로 인용한다.

제1장
마르크스는 왜 『자본론』을 썼을까?

　먼저 『자본론』이라는 저작의 역사와 마르크스가 이 책을 쓴 의도에 대해 살펴보는 게 순서일 듯싶다. 지금으로부터 약 150년 전인 1867년, 독일어판 『자본론』이 세상에 첫선을 보였다. 이후 『자본론』은 프랑스어, 영어, 러시아어 등으로 차례로 출간됐다. 20세기 들어 아시아 지역에서도 일어, 중국어, 조선어 등으로 번역, 출간되었다.[1]

　『자본론』의 다양한 판본은 단순한 번역에 그치지 않았다. 외

1　일제 강점기부터 1980년대까지 한국에서의 『자본론』 출간의 역사에 대해서는 장시복(2016) 참조.

국어 습득에 탁월한 재능을 보였던 마르크스는 프랑스어, 영어, 러시아어로 번역한 『자본론』 출간에 깊숙이 개입했고, 각국의 번역자들과 편지로 소통하며 꼼꼼히 감수를 보았다. 각 나라별 『자본론』 판본에 대해 별도의 서문을 직접 단 것만 보더라도 마르크스가 『자본론』 출간에 기울인 노고와 정성의 깊이를 가늠할 수 있다.

그렇다면 마르크스가 『자본론』을 쓴 이유는 무엇일까? 사실, 마르크스가 『자본론』과 같은 정치경제학 저작을 쓰기로 마음먹은 것은 꽤 오래전의 일이었다. 이 문제는 정치적 이유와 학문적 이유로 나누어 살펴볼 수 있다. 마르크스 스스로도 『자본론』에 앞서 출간한 『정치경제학비판을 위하여』 「서문」에서 『자본론』을 저술한 이유에 대해 비교적 상세히 서술했다. 그가 경제학적 주제에 관심을 갖게 된 최초의 동기는 정치적 이유에서였다. 마르크스는 1842년 〈라인신문〉 발간 당시, 모젤 지방 포도재배 농민들의 곤궁한 경제상황과 라인주 의회의 도벌법 제정 논쟁을 접하면서 정치경제학 주제에 관심을 갖게 됐다.

당시만 해도 농민들이 떨어진 나뭇가지를 땔감으로 사용하는 것은 오래전부터 내려오는 관습적 권리였다. 그런데 '도벌법'을 제정하면서부터 잔가지 하나를 집어 가도 징역형을 받을 수 있게 되었다. 더욱 터무니없는 일은, 법을 어긴 사람은 삼림 소유자에게 변상을 해야 하는데, 변상가격을 삼림 소유자가 정한다는 사실이다. 이런 합법화된 강도행위를 보면서 마르크스는 처음으로 계급, 소유 등 정치경제학 문제에 대해 고민하게 되었다.

나의 전공은 법학이었으나, 나는 그것을 단지 철학 및 역사를 연구하는 외에 부차적 학과로서 연구하였을 뿐이다. 1842-1843년에 처음으로 나는 〈라인신문〉의 편집자로서 이른바 물질적 이해에 대해 한마디 해야만 하는 곤란에 처하게 되었다. 삼림 도벌과 토지 소유의 분할에 관한 라인주 의회의 의사록, 그 당시 라인 지방의 주지사였던 폰 샤퍼 씨가 모젤 지방 농민들의 상태에 대해 〈라인신문〉과 벌였던 공적인 논쟁, 그리고 마지막으로 자유무역과 보호관세에 대한 토론 등이 내게 경제 문제들에 관심을 기울이는 데 최초의 동인을 제공했다(CW29:262).

마르크스의 〈라인신문〉은 프로이센 정부에 대한 비판적이고

혁명적 논조로 인해 사전 검열 및 경찰의 감시 대상이 됐다. 마르크스는 언론의 자유를 주장하는 기사를 지속적으로 게재하면서 자유주의 및 민주주의를 탄압하는 프로이센 정부를 거침없이 비판했다. 그러자 프로이센 정부는 아무런 사전 경고조치 없이 〈라인신문〉을 폐간했다.

하지만 마르크스는 〈라인신문〉 폐간에 절망하지 않았다. 신문 폐간을 오히려 영예롭게 생각했다. 끊임없는 사전 검열과 경찰 감시에 넌더리가 났기 때문이다. 마르크스는 1843년 1월 25일 자 "아놀드 루게에게 보낸 편지"에서 폐간을 앞둔 신문의 편집장으로서 심경을 다음과 같이 털어놨다.

그 어느 것도 내게는 놀라운 일이 아닙니다. 귀하는 검열 지침에 대한 나의 생각을 당초부터 알고 계실 것입니다. 나는 이제 그 결과를 목격할 뿐입니다. 〈라인신문〉의 폐간을 정치적 의식의 명백한 진전이라고 보기에 나는 기꺼이 사임하려고 합니다. 그렇지 않아도 그곳 분위기 때문에 숨이 막히던 참이었습니다. 자유를 위해 노예와 같이 일해야 하고 몽둥이 대신 바늘로 찌르는 성가신 일들과 싸워야 한다는 것은 견딜 수 없는 일입니다. 나는 위선과 어리석음, 지긋지긋한 전횡, 그리고 우리들의 굴욕, 나아가 문장을 깎고 굴리고 다지는 데 진력이 났습니다. 결론적으로 말해 정부는 나에게 나의 자유를 되돌려준 셈입니다(CW1:397).

그뿐만 아니라, 〈라인신문〉 폐간을 기회로 삼아 마르크스 스스로도 정치경제학 연구를 본격적으로 하고 싶은 마음이 더욱 커졌다.

나를 엄습했던 의문의 해결을 위하여 시도된 첫 번째 작업은 헤겔의 법철학에 대한 비판적 검토였는데, 그것의 「서설」은 1844년 파리에서 발행된 〈독불연보〉에 실렸다. 나의 고찰은 다음과 같은 결론에 도달했다. 곧, 법관계들과 국가형태들은 그것들 자체로부터 파악될 수 있는 것도 아니며, 오히려 헤겔이 18세기의 영국인들과 프랑스인들의 선례를 따라 '시민사회'라는 이름 아래 그 총체를 총괄하고 있는 물질적 생활관계들에 뿌리박고 있다. 그리고 이러한 시민사회의 해부학은 정치경제학에서 찾아져야 한다(CW29:262).

마르크스가 『자본론』을 쓴 가장 큰 이유는 우리가 현재 살고 있는 사회를 제대로 알기 위해서는 정치사회인 국가의 성격보다 그러한 국가가 토대를 두고 있는 경제관계, 곧 시민사회라고 알려진 물질적 생산관계들에 대한 분석이 선행되어야 한다는 판단에서다. 마르크스는 '공산주의자 연맹'을 조직하는 등 혁명적 정치활동으로 인해서 유럽 비밀경찰의 수배 대상이 되었다. 위기를 기회로 바꾸는 데 탁월한 능력을 보였던 마르크스는 최후의 피신처였던 영국으로의 망명을 결심했다.

물론, 영국으로 망명을 선택한 게 단지 정치적 이유에서만은 아니었다. 그 당시 자본주의 경제발전에 있어 유럽 국가들 가운데 최선두에 서 있던 영국에서 정치경제학 연구를 본격적으로 해 볼 요량이었다. 이 판단은 제대로 적중했다. 마르크스는 거주지가 영국으로 제한되어 있었기 때문에 정치적으로는 그다지 할 일이 없었다. 그래서 역설적이게도 대영도서관에 틀어박혀 경제학 연구를 마음껏 할 수 있었다. 애덤 스미스나 데이비드 리카도, 시스몽디 등 당대 최고의 경제학자들의 저작은 물론, 〈이코노미스트〉를 비롯해서 영국 의회가 매년 발간하는 「백서」, 「청서」 등 최신 경제자료를 『자본론』 저술에 적극 활용했다.

　마르크스는 방대한 양의 자료를 면밀히 검토해 그중에서 옳고 독
창적이며 중요해 보이는 것을 전부 추려 낸 다음 그 자료를 근거
로 사회를 분석하는 새로운 학설을 만들어 냈다. 그 학설의 장점
은 아름다움이나 일관성에 있는 것도, 정서적 혹은 지적 힘 ―사
변적 상상력이라는 점에서 보면 오히려 거대한 유토피아적 체계
들이 더 훌륭하다― 에 있는 것도 아니다. 그것의 진정한 가치는
단순한 기본원리들을 포괄적이면서도 상세하고 현실성 있게 결
합한 비범함에 있다(벌린, 2012:34).

　그래서인지 몰라도 마르크스는 일단 『자본론』이 정치적 목
표에서보다 학문적 관심에 의해 쓰였음을 분명히 했다. 왜냐
하면, 마르크스 스스로 『정치경제학비판을 위하여』 「서문」에
서 자신의 정치경제학 저작이 "자연과학적으로 정확히 확인될
수 있는 경제적 생산조건들에서의 물질적 제 조건들에 대한 변
화"(CW29:263)에 대한 탐구라고 명시했기 때문이다. 이 기조는
『자본론』에서도 그대로 이어졌다. 그는 "『자본론』에서 사람들

이 문제 되는 것은 오로지 그들이 갖가지 경제들의 인격화인 경우에 한해서이며, 특정한 계급관계 및 이해의 담지자인 경우에 한해서"라고 언급하면서 자신의 『자본론』의 방법론적 핵심에 대해 다음과 같이 분명히 밝힌다.

경제적 사회구성체의 발전을 하나의 자연사적 과정으로 파악하는 나의 입장은, 각 개인이 스스로 주관적으로는 완전히 벗어나 있다고 여길지라도 사회적으로 여전히 그 피조물에 머물러 있는 바의 그 모든 관계에 대한 각 개인의 책임을 다른 어떤 입장보다도 적게 묻는다(CW35:21).

그럼에도 불구하고 『자본론』을 저술한 목적이 정치적 관심에서 완전히 벗어날 수는 없는 노릇이었다. 『자본론』은 자본주의 경제법칙, 곧 그 체제의 생성과 발전을 주요하게 다루고 있긴 하지만, 궁극적으로는 자본주의 체제의 몰락과 자본주의 이후 사회의 성격에 대해 어떤 관점을 취할 것인가 하는 점 역시 마르크스의 주된 이론적 관심사였기 때문이다.

마르크스는 『자본론』을 저술한 일차적 목적이 "근대사회의 경제적 운동법칙을 규명"하는 데 있다고 말했다. 따라서 "한 사회가 그 운동의 자연법칙을 설령 발견했다 하더라도 그 사회는 자연적인 발전단계들을 뛰어넘을 수도 없고 그것을 법령으로 제거할 수도 없다"(CW35:20). 하지만, 『자본론』과 같은 저작이 자본주의 사회에서 다른 사회체제로 전환하는 데 있어 필연적으로 발생할 수밖에 없는 고통, 곧 "산고를 단축하고 완화"(CW35:20)하는 데 도움을 줄 수 있음을 분명히 했다.

이 지점에서 마르크스의 경제학과 정치학은 조우한다. 그렇다면, 어떤 방법으로 산고를 단축하고 완화할 수 있는가? 그것은 바로 노동자 계급, 민중의 정치운동을 통해서다. 그리고 그 유력한 수단이 바로 노동조합과 노동자 계급정당이다. 마르크스는 자본주의 경제체제에서 비롯한 사회경제적 고통을 단축하고 완화할 수 있는 근본적 해결책은 사적 소유권을 폐지하고 새로운 공동체적 소유를 발전시키는 것에 있음을 역설했다.

그런데 이것이 가능하려면 자본주의의 경제적 모순이 폭발하기만을 마냥 기다려서는 안 된다. 노동자 계급의 적극적인 정치활동을 통해서 자본주의의 몰락을 촉진할 수 있어야 한다. 결국 마르크스의 『자본론』은 기본적으로는 자본주의 경제법칙을 탐구한 정치경제학 연구서이지만, 동시에 자본주의 경제에 대한 과학적 이해를 바탕으로 적극적인 정치적 실천을 요청하고 있다는 측면에서 정치적 실천과 긴밀히 연관되어 있다고 정리할 수 있다.

　지금까지 우리는 『자본론』이 지닌 역사적 의미와 탄생과정에 대해 살펴보았다. 그것의 의미를 요약하면 『자본론』은 마르크스가 20여 년에 걸쳐 혼신의 힘을 다해 저술한 정치경제학 분야의 역작일 뿐만 아니라 지성사적 관점에서도 비할 바 없이 탁월한, 인류 전체를 대표하는 기념비적 저작이라는 사실이다. 지금부터는 『자본론』을 통해 마르크스가 전하려 했던 7개의 핵심 논제를 중심으로 『자본론』 읽기 여행을 떠나도록 하자.

제2장
자본주의 경제세포로서의 '상품'

『자본론』의 첫 장은 '상품'에 대한 분석에서부터 시작한다. 그렇다면 책제목이 『자본론』임에도 불구하고 어째서 마르크스는 상품에 관한 분석에서부터 글을 시작하는가? 그것은 마르크스의 독특한 연구방법론에서 비롯한다고 할 수 있다.[2] 마르크스는 우리가 감각적으로 경험하는 제 현상의 근저에는 그것을 그런 방식으로 작동하게 하는 근원적인 것, 곧 본질적 내용이 함축되어 있는 것으로 간주한다. 이는 사물의 운동법칙을 탐구하고 이를 통해서 사물의 생성, 발전, 소멸과정을 규명하는 마르

---

2 『자본론』에 적용된 연구방법에 대한 설명으로는 최형익(2016) 참조.

크스 특유의 방법론적 급진성을 상징한다.

가령, 다윈은 『종의 기원』에서 '자연선택'과 '적자생존' 그리고 '돌연변이'의 원리를 통해 동식물이 진화하는 방식, 곧 생물계의 법칙에 대해 규명했다. 아인슈타인은 상대성원리를 통해 지구상의 사물에만 적용되는 중력의 원리를 넘어 사물의 법칙성을 우주로까지 확대했다. 마르크스 역시 마찬가지였다.

마르크스 이전의 고전파 경제학자들은 시장, 가격, 이윤, 교환가치 등과 같은 경제현상 자체에 대한 분석에 머물렀다. 이에 반해서 마르크스는 자본주의 경제현상의 배후에서 작동하는 근원적인 법칙성에 대해 탐구했다. 이처럼 사물에 대한 근원적 탐구방법이 잉여가치라는 위대한 경제원리의 발견을 가능하게 했다.

마르크스의 또 다른 위대함은 이러한 근원성에 대한 탐구에만 머무르지 않는다는 데 있다. 마르크스의 이론적 명쾌함과 탁월성은 자본주의의 근본원리인 잉여가치를 이해하기 위해서 우리가 일상적으로 경험하는 경제현상에 대한 분석에서 시작한다는 데 있다. 바로 이것이 자본주의적 경제원리에 대한 분석을 상품에서 시작한 이유이다. 마르크스는 상품 분석에서

『자본론』을 시작한 이유에 대해 생물학 연구와의 비유를 통해 설명한다.

생물학 연구는 세포에 대한 분석에서 시작한다. 세포가 작동하는 원리를 규명함으로써 생물학은 명실상부 분과학문의 지위를 비로소 확보할 수 있게 되었다. 생물학에 있어 출발점이 세포이듯이 정치경제학 연구의 출발점은 바로 자본주의 경제의 세포라 할 수 있는 상품이다.

화폐형태에서 그 완성된 모습을 갖는 가치형태는 무척이나 내용이 없고 단순하다. 그럼에도 불구하고 인간정신은 2천 년 이상이나 그것을 해명해 내고자 했지만 헛수고였다. 반면, 다른 한편으로는 훨씬 내용이 풍부하고 복잡한 형태들을 분석하는 데에 적어도 어느 정도는 성공했다. 왜 그러한가? 다 자란 신체는 그 신체의 세포들보다 연구하기가 더 쉽기 때문이다. 더구나 갖가지 경제형태에 대한 분석에서는 현미경이나 화학적 시약은 사용할 수 없기 때문이다. 추상력이 이것들을 대신해야만 한다. 그런데 부르주아 사회에서는 노동생산물의 상품형태 또는 상품의 가치형태가 그 경제적 세포형태이다(CW35:19).

상품에 대한 근원적 연구, 곧 래디컬한 분석으로부터 마르크스는 어떤 결론을 도출했는가? 상품 분석이 함의하는 정치경제학적 시사점은 무엇인가? 마르크스가 상품을 자본주의 경제의 세포라고 표현한 이유는 상품이 가장 단순한 형태를 띠고 있지만 사실은 상품이야말로 가장 발전되고 완숙한 경제제도의 산물이기 때문이다.

상품은 무엇인가에 대한 사전적 정의는 다음과 같다. '시장에서 교환되는, 곧 매매의 대상이 되는 유형·무형의 재화.' 하지만 마르크스는 이러한 방식의 상품에 대한 사전적 정의만으로는 그것의 경제학적 본질에 조금도 다가갈 수 없다고 딱 잘라 말한다. 상품의 본질에 대해 제대로 알려면 그것이 시장에서 사고팔리는 이유, 즉 상품이 팔리고 화폐와 교환될 수 있는 내적 원인을 밝혀야 하기 때문이다.

상품의 본질에 다가가기 위해서 인류는 2천 년 이상 노력해왔지만 마르크스 말마따나 헛수고였다. 마르크스 역시 상품의 본성에 대한 이해가 대단히 중요하지만, 그것은 동식물의 세포처럼 단순하기 때문에 그만큼 이해하기가 더 어렵다고 말한다.

"시작이 어렵다는 것은 어떤 학문에서나 마찬가지이다. 그렇기 때문에 제1장 특히 상품 분석을 포함하고 있는 절이 이해하기가 가장 어려울 것이다"(CW35:18). 그러므로 상품, 화폐에 대한 분석을 포함한 "가치형태에 관한 절을 제외하고는 내 책이 어렵다고 비난받을 이유가 없다. 물론 나는 새로운 것을 배우고 또 그럼으로써 스스로 사고하고자 하는 독자를 상정하는 것이다"(CW35:19). 이 글은 이러한 점을 감안하여 독자들의 이해를 돕기 위해 최대한 쉽고 상세하게 상품에 관해 설명하고자 한다.

마르크스는 상품의 본질에 관해 최초로 의문을 가졌던 이론가로 마르크스만큼이나 천재적이고 박람강기를 자랑하던 고대 그리스 철학자 아리스토텔레스를 꼽았다. 아리스토텔레스는 상품이 화폐로 표현되는 형태란 그저 단순한 가치형태, 곧 임의의 다른 상품을 통한 한 상품의 가치표현의 좀 더 발전된 형태일 뿐이라는 사실을 이해했다. 『니코마코스 윤리학』에서 아리스토텔레스는 다음과 같이 언급했다.

'5개의 침대=1채의 가옥'은 '5개의 침대=약간의 화폐'와 구별되지 않는다(CW35:65).

마르크스는 아리스토텔레스가 상품의 본질이라고 할 수 있는 가치 개념에 대한 이해에 거의 근접했던 것으로 평가한다. 왜냐하면, 이러한 식으로 표현된 가치관계는 가옥이 침대와 사용가치의 측면에서 질적으로 차이가 있고 감성적으로도 차이가 있지만, 동시에 침대와 가옥에 공통적으로 포함된 그 어떤 질적 동등성 없이는 서로 비교할 수 있는 크기로 관계 맺을 수 없다는 사실을 아리스토텔레스는 꿰뚫어 보았기 때문이다. 아리스토텔레스는 다음과 같이 말한다.

교환은 동등성 없이는 가능하지 않다. 하지만 동등성 역시 양적 비교의 가능성 없이는 있을 수 없다(CW35:65).

아리스토텔레스는 여기서 멈춘 채 가치형태에 대한 그 이상의 분석을 포기한다. "이처럼 서로 다른 물적 존재들이 서로 양적으로 비교될 수 있다는 것" 곧 질적으로 동등하다는 것은 사실상 불가능하며 이러한 등치는 오직 사물의 참된 본성과 무관한 것일 수밖에 없으며, 따라서 "실제적 필요를 위한 임시방편"일 수밖에 없기 때문이다. 따라서 아리스토텔레스는 자신이 가치 개념에 대해 더 이상의 심도 있는 논의를 진척시키지 못한 이유가 바로 상품을 교환 가능하게 해 주는 원리로서의 가치 개념의 결여에 있었음을 스스로 말해 주고 있다.

이 동등한 것, 곧 침대의 가치표현에서 가옥이 침대에 대하여 표시하는 공통적 실체란 무엇인가? 그러한 것은 "사실상 존재하지 않는다"라고 아리스토텔레스는 말하고 있다. 왜 그러한가? 가옥은 그것이 침대나 가옥 어느 쪽에나 진실로 동등한 그 무엇을 표시해 주는 한에 있어서 침대에 대해 어떤 동등한 것을 표시하는 것이다. 그리고 이 동등한 것이 바로 가치, 곧 인간의 노동이다(CW35:65).

상품가치의 형태에서는 모든 노동이 동등한 인간노동, 따라서 동등하다고 인정되는 것으로서 표현되고 있음을 아리스토텔레스는 가치형태 그 자체로부터 읽어 낼 수 없었다. 그렇다면 어째서 아리스토텔레스는 가치 개념을 발견하지 못했는가? 그것은 바로 아리스토텔레스가 살던 시대적 한계 때문이다. 곧, 그가 살던 그리스 사회의 경제구조가 노예노동에, 따라서 인간노동의 비동등성에 경제와 생산의 기초를 두고 있었다.

가치표현의 비밀, 곧 모든 노동은 그것이 인간노동 일반이기 때문에 또 그런 한에서 동등하고 등가의 것이라는 점은 인간의 동등성 개념이 이미 대중적 선입관으로 확립될 때에 비로소 해독할 수 있다. 그러나 이것은 상품형태가 노동생산물의 일반적 형태이고, 이에 따라 상품 소유자인 인간들끼리의 상호 관계가 지배적인 사회적 관계인, 그런 사회에서야 비로소 가능해진다. 아리스토텔레스의 천재성은 바로 그가 상품의 가치표현에서 하나의 동등성 관계를 발견했다는 점에서 발휘되었다. 다만, 그가 살았던 사회의 독특한 조건이 이러한 동등성 관계의 기저하에 '실제로' 무엇이 놓여 있는가를 발견하지 못하게 했다(CW35:66).

요컨대 상품의 본질인 가치 개념에 대해 올바로 이해하기 위해서는 상품경제가 그만큼 전면적으로 발전해야만 가능하다는 것이다. 그러므로 상품의 본질에 대해 이해하기 위해서조차 일정하게 발전한 자본주의 경제체제를 전제해야 한다. 여기서 우리는 마르크스의 상품 분석이 바로 '가치'라는 경제학 개념을 설명하기 위한 것임을 알 수 있다. 이제부터 상품의 본질인 가치에 대해 알기 위해서 『자본론』의 첫 관문인 '상품' 장 읽기에

도전해 보기로 하자.

상품이란 무엇인가?

마르크스가 『자본론』을 상품에 관한 분석에서 시작한 이유는 상품이 자본주의 경제의 세포이기 때문이다. 인간을 포함해서 모든 동식물 생명체의 기본 단위는 세포이다. 따라서 세포를 연구하는 것은 동식물 생명체를 그 근본에서 인식하는 것과 마찬가지다.

상품 연구가 중요한 이유는 상품 교환이야말로 자본주의 경제의 일상이기 때문이다. 멀리 갈 것도 없다. 어제, 오늘, 그리고 내일, 우리 사회의 모든 구성원은 아침 출근길, 등굣길에서부터 상품과 마주친다. 주유소에서 기름을 넣건, 교통카드로 출근을 하건, 출출해서 김밥을 사 먹건, 나아가 직장에서 일을 하는 노동행위 모두가 사고파는 상품이다. 한마디로, 상품 없이는 무존재에 가깝다고 할 수 있을 정도로 우리의 모든 일상은 상품이 지배한다.

마르크스가 잘 설명했듯이, 생물학 연구는 과학기술의 눈부신 발전에 힘입어 실험실에서 현미경이나 화학적 시약을 이용해서 세포를 분석할 수 있다. 반면에 우리가 지금 살고 있는 사회를 다루는 정치경제학 연구는 이들 현미경이나 시약 등 실험 도구를 사용할 수 없다. 따라서 상품의 본질에 다가가기 위해서는 생각의 힘, 곧 사유할 수 있는 능력의 산물인 이론적 개념을 통해 분석해야 한다. 한마디로, 사유를 통해 내적 논리를 전개할 수 있는 추상적 사고가 자연과학적 실험에 이용되는 현미경이나 화학 시약을 대신해야 한다(CW35:19).

이제 추상적 사유능력, 곧 이론적 분석을 통해서 상품이 무엇인지에 대해 살펴보기로 하자. 누구나 인정할 수 있겠지만, 상품이란 정의에 있어 사고팔 수 있는 사물임을 알 수 있다. 예를 들어, 오늘 신제품 냉장고 한 대를 장만했다고 하자. 그렇다면 LG, 삼성 등 냉장고 제조사나 하이마트 등 전자제품매장의 입장에서는 냉장고 하나를 판 것이며, 내 입장에선 냉장고 하나를 산 것이다. 상품은 이처럼 사고팔 수 있는 대상이어야 하며, 따라서 상품이란 본성에 있어 사고파는 행위 자체, 곧 교환 대상이 되어야 한다는 것이다.

마르크스의 상품 분석은 어찌 보면 대단히 상식적인 질문에서부터 시작한다. LG, 삼성 등 전자제품 제조사가 냉장고를 만들어 판 이유는 무엇이며, 내가 냉장고를 구매한 이유는 무엇인가? 냉장고 제조사가 공장에서 냉장고를 만들어 파는 이유는 무엇이며, 이미 냉장고가 집집마다 있음에도 불구하고 점점 더 많이 생산되는 이유는 무엇인가?

그리고 다른 무엇보다도 냉장고, 세탁기, TV, 선풍기, 라디오 등 가전제품을 단순 조립해 팔던 LG, 삼성 등 국내 제조사들이 수십 년이 지난 지금에 이르러 초기 투자비용의 수천 배에 달하는 천문학적 크기의 자본을 축적할 수 있었던 비결은 무엇인가?

마지막으로 상품, 화폐 교환에 입각한 시장경제체제는 특정한 조건을 막론하고 모든 인류 역사에 보편타당하게 적용할 수 있는 경제제도인가? 『자본론』에서의 상품 분석을 포함해서 이러한 의문점들에 대해 차례대로 답해 보기로 하자.

마르크스 상품 분석은 상품을 파는 판매자와 그것을 사는 구매자의 이해가 전혀 다르다는 것에서 출발한다. 어찌 보면 이것은 대단히 상식적인 이야기다. 상점에서 물건을 구매하는 사람은 그것을 사용해서 자신의 욕구를 실현하려는 게 주요 목적이다. 배고픈 사람이 음식을 사 먹는 이유는 배고픔 내지 식욕을 충족하려는 데서 비롯되며 배고픔 내지 식욕이 충족되면 더 이상의 음식 구매를 중단한다.

상품을 구매해서 특정 욕구를 충족시키는 행위 또한 절차에 있어서만 차이가 있을 뿐 경제행위가 인간의 욕구를 실현하기 위한 목적에서 비롯된다는 사실만큼은 시대를 막론하고 동일하다. 심지어 자연계에 존재하는 동식물 역시 욕구 충족이라는 측면에서는 인간의 그것과 별반 다르지 않을 것이다. 따라서 구매자의 관점에서 상품을 보았을 때, 구매한 상품을 이용해 자신의 욕구를 충족한다는 측면에서 상품은 특정한 사용가치를 지녀야 함을 이해할 수 있다.

그런데 판매자의 입장에 서는 순간, 상품의 정의는 다소 복잡해진다. 우리는 상품 판매를 직업적으로 하는 사람을 상인으로 부른다. 그렇다면 상인은 무슨 목적에서 물건을 파는 것일까? 이 질문에 대해서는 초등학생도 손쉽게 대답할 수 있을 정도로 하등 어려울 게 없다. 자선사업가가 아니고 재능기부자도 아닌 이상, 상인이 자신의 물건을 파는 이유는 오직 하나, 바로 돈을 벌기 위해서다. 여기까지는 어찌 보면 하나의 상식에 속할 뿐만 아니라 우리가 일상적으로 매일매일 경험하는 일이다. 마르크스는 여기서 한 발 더 나아가 상품 교환과정 그 자체에 주목한다.

상품 교환과정에서 판매자는 자신이 보유한 물건을 넘겨주고 구매자는 이에 대한 값을 지불한다. 그런데 이상하지 않은가? 상인은 분명히 특수한 사용가치, 곧 특정한 용도가 있는 물건을 양도했는데, 판매자는 그에게 사용가치, 곧 쓸모라곤 없어 보이는, 단순히 종이로 만든 화폐를 건넸다. 그럼에도 상인은 하등 불평불만 없이 돈을 받았을 뿐만 아니라, 물건을 팔고 돈을 버는 행위, 곧 '장사'에 몰입한다.

우리는 여기서 사용가치의 측면에선 눈곱만치도 공통점이 없는 특정한 사용가치로서의 상품과 이에 대한 값 또는 가격으로 지불한 화폐가 동등한 자격으로 교환되고 있다는 사실에 의문을 품지 않을 수 없다. 사용가치 측면에서 아무런 공통점이 없는 유용성이 있는 물건과 일정액의 화폐 교환이 구매자와 판매자 등 교환 당사자들 사이에 어떤 의혹도 없이 일상적이고도 반복적으로 행해질 수 있는 근거란 도대체 어디에 있는 걸까? 다시 말해서, 일정량의 물건과 일정액의 화폐, 예컨대 냉장고

한 대가 100만 원 가격으로 상호 교환될 수 있는 동등한 자격과 동등한 가치, 곧 등가관계는 어디에서 비롯된 것일까?

우리는 앞에서 아리스토텔레스가 서로 다른 속성, 즉 사용가치를 지닌 사물들, 다시 말해서 자연적으로 동등할 수 없는 것을 동등하게 만들 수 있는 능력에 대해 어렴풋이 알았음에도 멈추어 선 이유에 대해 살펴보았다. 그 이유는 다른 무엇보다도 아리스토텔레스가 살았던 고대 그리스 사회에서는 교환에 기초한 상품생산이 사실상 전무했기 때문이다.

마르크스는 바로 아리스토텔레스가 멈춰 선 지점에서부터 시작한다. 특정 상품은 시간과 장소를 불문하고 왜 동일 가격으로 판매되는가? 또한 일정 크기의 화폐는 어떻게 특정한 양의 물건을 구매할 수 있는가? 이 질문에 대한 답에 상품생산 사회로서의 자본주의 경제체제의 비밀이 숨겨져 있다.

일정량의 상품과 일정액의 화폐가 교환될 수 있는 이유는 양자가 동등한 가치관계, 곧 등가관계 아래 놓여 있기 때문이다. 우리가 상품가격으로 표현하는 것이 바로 그러한 동등한 가치를 표현하는 것이다. 화폐로 표현되는 상품의 가치, 곧 가격의 근원은 무엇이며, 어디에서 비롯되는 것일까? 이 비밀을 이해하기 위해서는 우리가 일정액의 화폐로 구매할 수 있는 상품의 목록이 무수히 다양하다는 상식 아닌 상식에서 출발할 필요가 있다.

화폐라는 게 교환을 매개하는 수단으로 출현했지만, 상품생산이 전제되면 화폐는 상품의 가치인 가격을 표현하는 수단으로 발전한다. 이 경우, 일정액의 화폐는 그것과 등가관계에 있는 수많은 상품을 구매할 수 있는 일반적 내지 보편적 가치형태로 표현된다. 가령, 냉장고 한 대 가격이 100만 원이라고 가정하면 우리는 100만 원을 다른 많은 상품, 예를 들면 쌀 세 가마니 혹은 스마트폰 한 대 등등 동일 가격으로 구매할 수 있는 셀 수 없이 많은 상품과 치환할 수 있다.

냉장고, 쌀, 스마트폰 등 이들 상품의 용도에 해당하는 사용가치가 전혀 다르기 때문에 이러한 속성이 그들을 교환하게 할 수 없음은 자명한 노릇이다. 그렇다면 이들을 교환 가능하게 할 수 있는 힘은 100만 원으로 표현되는 화폐에서 비롯됨을 이해할 수 있다. 다시 말해서, '100만 원=냉장고 한 대=쌀 세 가마니=스마트폰 한 대' 등등의 형태로 무한히 확장된다. 바로 이 대목에서 냉장고 한 대와 쌀 세 가마니, 스마트폰 한 대에 100만 원 가격에 상응하는 무언가 동등한 특성이 숨겨져 있음을 알 수 있다.

사실, 이들 상품의 가격을 100만 원으로 동일하게 만드는 힘은 우리의 눈으로 볼 수 있거나 만질 수 있는 감각적 대상이 아니다. 우리 눈앞에는 무언가 유용성이 있는 사용가치로서의 상품이 있을 뿐이다. 그것을 이해하고 파악할 수 있는 수단이 앞에서 언급한 대로 이론적 사유를 통해 보이지 않는 무언가를 분석할 수 있는 힘으로서의 이론적 추상력이다.

다른 모든 것을 차치하고 냉장고와 쌀, 스마트폰을 동일 가격으로 판매하거나 구매할 수 있는 힘은 바로 이들 물건이 모두 인간노동의 산물이라는 단 하나의 공통점에 기인한다. 생각해 보라. 우리가 일상적으로 사용하거나 소비하는 물건 가운데 인간의 노동이 포함되지 않은 물건이 하나라도 있는가를. 아니, 어쩌면 '노동한다', '제작한다', '무언가를 만든다'는 표현은 그 용어를 달리해도 인간에게 유용한 사물을 생산하는 행위와 관련되어 있다는 것쯤은 누구나 알 수 있을 것이다.

따라서 앞에서 예로 든 냉장고, 쌀, 스마트폰 등 세 개의 물건 내지 상품을 100만 원이라는 동일 가격으로 판매하고 구매할 수 있는 힘은 바로 이러한 물건을 제작하는 데 들어간 노동의 양 또는 노동의 크기가 동일하다는 사실에서 비롯된다. 그것을 만드는 구체적 노동행위와는 상관없이 한 상품을 만드는 데 들어간 노동의 양 또는 노동의 크기를 이제부터는 '가치'라고 부른다.

사용가치 즉 상품의 용도 내지 쓰임새와는 별개로, 교환할 수 있는 힘으로서의 '가치'라는 용어는 더할 나위 없이 정확한 표현이다. 다이아몬드나 금과 같은 귀금속을 보고 사람들이 "저 금속은 가치가 있어"라고 말할 때는 그러한 귀금속이 지닌 색상 내지 화려함보다는 그러한 사물을 채굴하거나 가공할 때 들어간 수고 내지 노동의 양에 비추어 그렇게 언급하기 때문이다. 일상적으로도 우리가 누군가에게 "수고하셨습니다"라고 말한다면 그것은 특정한 노동 또는 무엇을 만들고 제작했는가와 같은 특정 작업과는 상관없이 오랜 시간 열심히 일한 사실 그 자체에 대한 사의 표시임을 알 수 있다.

지금까지 서술한 내용을 이해한다면, 마르크스가 『자본론』 1장에서 선보인 상품 분석의 절반 이상을 이해했다 해도 과언이 아니다. 이후 전개하는 상품 분석은 특정 상품의 사용가치와 관련된 노동, 다시 말해서 냉장고를 만든다든가 스마트폰을 만든다든가 혹은 쌀농사를 짓는다든가 아니면 인삼을 재배한다든가 등등의 구체적 노동과 비교하여 이들 상품을 단 하나의 척도, 곧 모든 상품에는 일정량의 노동이 포함되어 있으며 바로 이것이 가격으로 표현되어 상품 교환의 근거인 가치를 형성한다는 사실과 연관되어 있다.

마르크스는 교환 가능한 상품의 가치를 만들어 내는 노동을 '추상적 노동'이라 명명한다. 한마디로, 상품 교환은 구체적 노동과 아무 관련이 없다. 추상적 노동 역시 사용가치 내지 노동생산물의 특정한 용도와는 아무 관련이 없다. 구체적 쓰임새와는 상관없이 가치라는 개념에는 오직 추상적인 인간노동의 산물이라는 단 하나의 사실만이 표현되어 있을 뿐이다.

가치는 어떻게 측정되는가?: 사회적 필요노동시간

이제 일정량의 인간노동이 생산물에 포함되어 있다는 의미를 지닌 노동가치 또는 가치 개념이 실생활에서 어떻게 상품교환의 근거로 작용하는가를 설명해 보기로 하자. 우리는 노동의 '질'이 아닌 '양'이라고 말했다. 양이라는 용어는 무엇보다 수량 또는 크기와 관련되어 있다. 다시 말해서, 양이란 용어는 비교 가능하며 측정 가능한 제3의 척도로 환원될 때 그 의미를 가질 수 있다. 일정량의 노동이 포함된 생산물을 특정 가격을 지닌 상품으로 전환할 수 있는 힘이란 그러한 상품을 생산하는 데 들어간 노동시간을 전제할 때만 가능한 것이다. 다시 말해서, 가치를 표현하는 방식은 특정한 크기의 노동이며, 이러한 노동의 크기는 한 상품을 만드는 데 들어간 노동시간으로 표현된다.

같은 맥락에서, 상품을 생산하는 데 필요한 노동시간으로 표현할 수 있을 때만 그 상품은 측정 가능한 노동의 양, 다시 말해서 가치를 지닌다. 이와 다른 방식으로 노동가치를 표현할 수 있는 방법은 존재하지 않는다. 따라서 '동일 크기의 노동=동일 노동시간=동일 가치=동일 가격'이라는 등식으로 표현할 수 있다.

우리는 이제 상품과 가치의 비밀에 대해 한 발 더 다가설 수 있게 되었다. 상품은 일차적으로는 구매자의 욕구를 충족시키는 특정한 사용가치를 지녀야 한다. 하지만 그것은 교환과는 아무 상관이 없다. 상품을 일정한 가격으로 교환될 수 있게 하는 능력은 바로 추상적 노동의 산물인 '가치'이다.

한 상품이 다른 상품과 교환되기 위해서는 그 속에 똑같은 가치가 포함되어 있다는 사실을 암묵적으로 전제할 때만 가능하다. 그렇지 않다면 교환 자체가 발생하지 않을 것이다. 이는 곧 상품생산에 포함된 노동시간의 크기에 따라 교환이 성립될 수 있다는 것과 동일한 말이다.

어떤 한 상품의 가치크기를 결정하는 것은 오로지 사회적으로 필요한 노동량, 곧 그 사용가치의 생산에 사회적으로 필요한 노동시간뿐이다. 여기에서는 일반적으로 하나하나의 상품을 그것이 속한 종류의 평균 견본으로 간주한다. 따라서 같은 크기의 노동량이 포함된 상품들, 또는 같은 노동시간에 생산될 수 있는 상품들은 동일한 가치크기를 지니고 있다. 한 상품의 가치가 다른 상품들의 가치에 대해 갖는 비중은 한 상품의 생산에 필요한 노동시간이 다른 상품의 생산의 필요한 노동시간에 대해 갖는 비중과 같다(CW35:47).

마르크스의 노동가치론에 비추어 보았을 때, A라는 상품과 B라는 상품이 교환될 수 있는 내적 근거는 그러한 상품생산에 들어간 노동시간이 같다는 것, 즉 등가라는 사실을 의미한다. 따라서 상품가격이 같다고 말할 때는 이미 그 상품생산에 들어간 노동시간, 곧 가치가 동일하다는 것을 전제하고 있음을 알 수 있다. 다시 한 대의 냉장고, 쌀 세 가마니, 한 대의 스마트폰 가격이 100만 원으로 같다는 것을 사례로 가치 개념을 설명해보자.

　냉장고와 쌀, 그리고 스마트폰의 사용가치에 아무런 공통점이 없다는 사실은 누구에게나 명백하다. 따라서 사용가치의 측면에서는 상품 간 교환이 성립할 수 없음은 분명한 노릇이다. 그런데 이들 상품에 100만 원이라는 가격표가 붙게 되면 사정은 전혀 달라진다. 이들 상품을 100만 원 가격으로 사고팔 수 있는 근거는 무엇인가? 그것은 바로 냉장고 한 대, 쌀 세 가마니, 스마트폰 한 대를 생산하는 데 동일한 노동력이 가해졌다는 것, 따라서 이들 상품을 생산하는 데 같은 크기의 노동시간이 들었다는 사실을 의미한다.

　우리는 이제 이들 상품의 가격이 100만 원이고 100만 원에 상응하는 사회적 필요노동시간, 예를 들어서 냉장고 한 대를 생산하는 데 들어간 노동시간이 가령 천 시간이라고 한다면, 이와 마찬가지로 세 가마니 쌀, 스마트폰 한 대를 생산하는 데도 천 시간의 노동이 들어갔다고 정당하게 규정할 수 있다. 이처럼 측정 가능한 형태의 동일 크기의 노동시간을 전제하지 않는다면, 가격은 어떻게 형성될 것이며, 누구나 수긍할 수 있는 방식으로 가격의 정당성은 어떻게 확보할 수 있단 말인가?

요컨대 "동일한 크기의 노동시간은 동일한 가치를 지닌다"는 노동가치론의 명제야말로 '상품' 장의 핵심 내용일 뿐만 아니라, 『자본론』 전체의 중요한 이론적 기초이다. 이처럼 단순한 형태의 '노동가치론'에서 『자본론』의 주요 내용이 따라 나오기 때문이다. 그렇다면, 상품의 가치가 오르거나 떨어졌다는 말은 어떻게 이해할 수 있을까? 그것은 다른 말로 표현하면 한 상품의 가격이 비싸졌거나 저렴해졌다는 것을 의미한다.

예를 들어, 작년까지 100만 원 하던 냉장고 가격이 똑같은 품질임에도 올해 들어서 갑자기 50만 원으로 인하되었다고 가정하자. 이는 냉장고 한 대를 만드는 데 들어간 노동시간, 곧 사회적 필요노동시간의 크기가 그만큼 작아졌음을 의미한다. 다른 말로 냉장고 한 대를 생산하는 데 이전까지는 천 시간의 노동이 필요했다면 이제는 500시간으로도 충분하다는 얘기다.

어떻게 이런 일이 발생할 수 있을까? 그것은 주로 과학기술 발전에 힘입은 노동생산성 향상이나 노동자들의 숙련도 향상 등 상품생산에 필요한 기술적 능력이 한층 고도화되었기 때문에 가능한 일이다. 따라서 과거에는 노동자 한 명당 한 대의 냉장고를 생산할 수 있었다고 한다면 이제는 같은 노동시간에 두 대의 냉장고를 만들어 낼 수 있게 되었음을 의미한다. 따라서 냉장고 제조사의 입장에서는 동일 비용을 지불하고도 전년도에 비해서 두 배 크기의 상품, 앞의 예를 따르면 10만 시간에 100대가 아니라 200대 냉장고를 생산할 수 있게 된 것이다.

그런데 이들 제품 전체를 생산하는 데 모두 10만 시간의 노동시간이 들었다고 한다면 작년에 제작된 100대 냉장고의 가치와 올해 제작한 200대 냉장고의 전체 가치가 같아야 하기 때문에 이제 냉장고 한 대의 가치는 이전에 생산된 냉장고 가치의 절반 크기에 해당한다고 말할 수 있다. 바로 이것이 시장에서 신상품 냉장고가 100만 원이 아니라 50만 원으로 팔릴 수 있는 경제학적 근거로 작용하는 것이다.

우리는 통상, 무엇이 가치가 크다는 것을 높이 평가한다. 이는 그만큼 그 사물이 귀중하고 소중하며 희소함을 나타내기 때문이다. 하지만 상품생산에서는 이와는 정반대이다. 가치가 높다는 말은 가격이 비싸다는 것을 의미한다. 따라서 그만큼 팔리기 어렵다는 것을 나타낼 뿐이다. 같은 이유에서, 자본주의에서는 단위당 상품생산에 들어간 노동시간, 곧 상품의 가치를 낮춰야만 경쟁에서 살아남을 수 있다.

상품은 노동의 질적 특성을 무시한 추상적 노동의 산물로서의 가치와 구체적 노동의 산물로서의 사용가치를 동시에 갖는다는 사실, 그리고 상품의 가치는 그것을 생산하는 데 들어간 노동시간의 크기로 표현된다는 사실은 『자본론』 전체를 지탱하는 양대 이론적 지주라고 할 수 있다. 여기서 상품에 들어 있는 노동은 사용가치와 관련지어 볼 때에는 질적인 의미만 인정되지만, 가치크기와 관련지어 볼 때에는 이미 그 밖의 어떠한 질도 지니고 있지 않은 인간노동으로 환원되어 양적인 의미만 인정된다. 전자의 경우에는 노동의 방법과 내용이 문제가 되지만, 후자의 경우에는 양, 즉 그 '지속시간'이 문제 될 뿐이다 (CW35:52).

『자본론』을 한마디로 정의한다면, 상품의 가치와 사용가치의 관계를 설명한 책이라 해도 과언이 아니다. 마르크스는 상품에 포함된 가치와 사용가치라는 노동의 이중적 성질은 자신에 의해 처음으로 비판적으로 지적된 내용으로, 경제학의 이해에 있어서 "결정적인 도약점"(CW35:49)이라고 말한다.

> 모든 노동은 한편으로는 생리학적 의미에서의 인간노동력의 지출이며, 이 동등한 인간노동 또는 추상적 인간노동이라는 속성으로서 그것은 상품가치를 형성한다. 또 다른 한편으로 모든 노동은 특수한 목적이 정해진 형태로서의 인간노동력의 지출이고, 이 구체적 유용노동이라는 속성으로서 그 노동은 사용가치를 생산하는 것이다(CW35:53).

요컨대 『자본론』은 가치와 사용가치가 어떤 식으로 관계 맺으며 어떤 다양한 경제적 방식으로 현상하는가, 그리고 양자 간에는 어떤 모순이 있으며 급기야 대립, 폭발에 처하는가를 분석한 저작이라 해도 지나치지 않다.

논리를 보다 단순화하면, 가치가 자본의 존재이유로 등장한다면, 사용가치는 노동자 계급의 존재근거로 자리매김한다. 상품의 한 속성인 가치의 논리계열은 『자본론』에서 상품-화폐-잉여가치의 형태로 표현되며, 다른 속성인 사용가치는 임금-노동시간-사회적 권리로 현상한다. 그렇다면 자본과 노동자는 어떤 국면에서 최초로 마주치는가? 그것은 바로 잉여가치와 이윤을 형성하는 노동생산과정과 노동의 공간인 작업장을 통해서다. 잉여가치를 둘러싼 자본과 노동의 투쟁, 이것이야말로 어쩌면 마르크스의 『자본론』이 전하고자 했던 단 하나의 명제라 해도 그리 틀리지 않을 것이다.

『자본론』의 핵심 개념인 '잉여가치'를 설명하기에 앞서 화폐에 관해 먼저 살펴볼 필요가 있다. 왜냐하면, 자본이 경제 무대에 전면적 등장하기 전에 상품 교환과 이를 매개하는 수단으로서의 화폐의 등장이 이론적으로 그렇고, 역사적으로도 반드시 필요하기 때문이다.

제3장
화폐는 어떻게 상품의 왕이 되었나?

앞 장에서 우리는 상품이 무엇인지, 그리고 무엇을 근거로 상품 교환이 일어나는지에 관해 살펴보았다. 상품이 교환되는 근본적 이유는 상품의 내재적 특성, 곧 상품에 포함된 동일한 노동량에 기초한다. 이는 다른 말로 '상품 교환은 그 상품을 생산하는 데 들어간 노동시간에 근거한다'는 의미이다. 바로 이것이 가치에 대한 마르크스의 정의다.

하지만 상품 교환이 동일 가치, 곧 동일 노동시간에 기초한 등가교환이라 하더라도 실제 자본주의 경제에서는 상품과 상품이 직접적으로 교환되는 일은 거의 발생하지 않는다. 지금 이 순간에도 무한히 발생하고 있고, 우리가 매일 경험하고 있는 바와 같이 현실에서의 구매와 판매, 곧 상품 교환을 중간에서 매개하는 수단이 바로 돈, 즉 화폐이다. 다시 말해서, 상품 교환이 가능하기 위해서는 각 상품의 가치를 수량적으로 표현할 수 있는 가치의 거울인 가격을 나타내는 화폐의 역할이 절대적이다.

그렇다면 어째서 상품은 자신의 가치를 직접 드러내지 않고 화폐로 표시된 가격을 통해 나타내는가? 당연한 일이지만 우리가 상품을 구매하는 이유는 그것이 쓸모 있기 때문이다. 다시 말해서, 구매자의 욕구를 충족시켜 주는 사용가치 때문이다. 따라서 우리가 직접 보고 만지고 느낄 수 있는 상품의 모습은 하나의 사용가치이다. 그런데 상품 교환을 가능하게 하는 것은 상품의 유용성이 아니라 거기에 포함된 노동량, 노동시간을 의미하는 가치의 역할에 기인한다.

여기서 문제가 되는 것은 가치라는 것은 사용가치처럼 만지거나 볼 수 있는, 혹은 서비스와 같이 실제로 체감할 수 있는 경험적, 감각적 형태가 아니라는 데 있다. 앞 장에서 살펴보았듯이, 상품 교환이 동일 가치, 동일 노동에 기반해서 발생한다는 사실을 알 수 있게 해 준 도구는 현미경이나 시약이 아니라 이론적 추상을 통한 것이었다. 이제는 단지 이론적 추상이 아니라 현실에서도 동일한 가치, 곧 등가에 기초해서 상품 교환이 일어난다는 것을 실제로 보여 줄 차례다. 그러므로 상품 교환이 실제로 일어나기 위해서는 자신의 가치를 드러내고 보여 줄 수 있는 중간 매개의 등장이 필수적이다. 바로 이것이 가치척도로서의 화폐의 역할이다. 이게 바로 상품의 가격이다.

경험적으로도 확인할 수 있듯이, 한 상품에 포함되어 있는 노동가치를 반영해서 외적으로 드러나는 형태는 우리가 하루에도 수십 번 마주치는, 화폐로 표현된 상품가격이다. 상품에 포함된 노동량, 즉 노동가치와 그것을 화폐라는 가치척도로 드러내 주는 개별 상품의 가격은 완벽히 일치하지는 않는다. 그럼에도 불구하고 장기적 관점에서 보았을 때는 상품가치와 상품가격은 평균적으로 일치하는 것으로 간주해야 한다.

상품에 포함된 가치와 시장에서 팔리는 가격이 터무니없이 어긋난다고 가정해 보라. 그 상품은 일시적으로는 판매될지 몰라도 조만간 시장에서 사라지게 될 것이다. 왜냐하면, 가치보다 훨씬 비싼 가격에 상품을 판매할 경우, 해당 상인은 사기를 저지르는 것이기 때문이다. 자본주의적 계약관계란 동일 노동은 시간과 장소를 불문하고 또 다른 형태의 동일 노동과 교환될 수 있다는 등가교환에 기초한다. 이러한 등가교환의 경제적 토대가 바로 상품가치와 상품가격의 동일성이라고 할 수 있다.

화폐가 상품생산에 투하된 노동시간을 표시하는 가치척도의 역할을 떠맡게 됨으로써 이제 화폐는 상품 교환을 매개하는 독점적 권한을 부여받는다. 상품 교환이 화폐, 곧 가격을 통한 중개기능 없이는 실제로 가능하지 않다는 역사적 사실로부터 화폐와 상품의 권력관계는 역전되기에 이른다. 상품은 그 본질에 있어 사용가치와 가치라는 이중적 특성을 동시에 지니고 있지만, 이제 화폐가 상품 교환을 전적으로 매개하는 기능을 담당함으로써 가치는 화폐, 사용가치는 상품의 형태로 분리가 발생한다.

상품은 다른 사람의 노동생산물과의 교환을 전제로 해서만 상품의 지위를 부여받는다. 자신이 먹고, 쓰고, 소비하려 생산한 물건은 상품이 아니다. 다시 말해서, 다른 무엇과 교환할 수 없는 물건은 상품으로 부를 수 없다. 이러한 상품의 특성을 우리는 '교환가치'라고 명명한다. 인간의 모든 노동생산물에는 그것을 만드는 데 들어간 사회적 노동시간이 포함되어 있다는 측면에서 모든 상품은 가치를 지니고 있다. 하지만 그것이 시장에서 교환될 때 가치의 대행자 역할을 하는 것이 바로 화폐다. 요컨대 한 상품과 다른 상품의 교환을 매개하는 화폐의 역할을 통해서만 상품은 교환가치를 부여받는다.

고객이 사 주기를 바라며 상점 진열장에 전시된 상품은 그것의 유용성 혹은 쓰임새인 사용가치를 나타낼 뿐이다. 또한 그것의 가치는 화폐로 표현된 가격을 통해 실현된다. 거듭 강조하거니와 사용가치와 가치의 이중성은 상품의 속성이지 화폐의 속성은 아니다.

상품의 가치는 그것의 생산에 포함된 노동시간이라는 추상적 형태를 띠고 있기 때문에 사용가치처럼 만질 수도 볼 수도 없다. 따라서 상품경제의 일정한 발전은 상품의 가치를 드러내기 위해서 가치척도의 역할을 하는 화폐의 등장을 필연적으로 요청한다. 한마디로, 모든 화폐경제가 상품경제인 것은 아니지만 발달한 상품경제는 그와 동시에 화폐경제의 발전을 전제한다.

상품가치를 표현하는 수단, 곧 가격체계의 필수적 요청으로부터 이제 화폐는 모든 상품을 사고팔 수 있는 특별한 능력을 지닌 상품, 상품 중의 상품, 상품이라는 백성을 지배하는 군주의 모습을 띠고 등장한다. 화폐는 단지 상품의 가치를 표현하는 역할을 부여받았음에도 불구하고 이것 없이는 사실상 교환이 불가능하다는 현실적, 역사적 요청으로부터 마치 화폐 자체가 무슨 가치라도 있는 양, 가치의 세계를 상징하는 힘으로 등장한다. 사실, 가치라는 게 노동생산물로서의 상품의 속성임에도 불구하고 말이다.

화폐가 가격을 통해서 모든 상품의 가치를 표현하는 일반적, 보편적 가치형태로서의 권능을 부여받자마자 가치가 마치 화폐의 속성인 양 주객이 전도된다. 이로부터 화폐를 상품세계의 절대군주이자 가치의 왕으로 떠받드는 현상이 발생한다.

화폐를 숭배하는 현상의 출현은 자본주의에서는 필연적이다. 돈이 최고이며, 돈만 있으면 못 할 게 없다는 화폐숭배사상, 곧 배금주의 관념은 인종, 지리, 종교, 문명과도 상관없이 화폐가 상품 교환을 매개하고 화폐가 가치척도의 역할을 부여받는 순간, 만국에 공통된 유일신 종교로 자리매김한다. 마르크스는 이러한 현상을 '물신숭배'로 불렀다.

상품생산과 물신숭배

상품경제는 말할 것도 없고, 화폐경제 역시 상품 교환을 매개하고 가치척도로서의 기능을 담당하는 일종의 역사적 제도에 불과하다. 그럼에도 불구하고 상품생산과 교환이 전면적으로 발생하는 자본주의 경제체제에서는 화폐 자체가 모든 가치를 상징하는 경제적 힘 내지 화폐권력으로 등장한다. 이 현상은 판매와 구매가 분리되어 서로 다른 행위자들에게 맡겨질 때부터 어느 정도 예정된 사태였다.

하나의 상품에 불과한 화폐, 그 가운데 특히 금 또는 달러가 가장 가치 있는 상품, 상품의 왕으로 여겨지는 '물신숭배' 현상은 상품생산이 일반화된 자본주의 사회에서는 대단히 자연스러운 일로 여겨진다.

보편적 등가형태가 어떤 특수한 상품의 현물형태에 달라붙게 되거나 화폐형태로 결정화되자마자 이 겉모습은 완성된다. 다른 상품들이 각자의 가치를 전면적으로 어느 한 상품으로 표시하기 때문에 그 상품이 비로소 화폐가 되는 것으로 보이지 않고, 오히려 거꾸로 한 상품이 화폐이기 때문에 다른 상품들이 그 한 상품으로 각자의 가치를 일반적으로 표시하는 듯이 보인다. 그것을 매개하는 운동은 그 자신의 결과 속에서 소멸하여 아무런 흔적도 남기지 않는다. 상품들 자신은 아무 하는 일이 없이 그것들 자체의 완성된 가치형태가 그들 밖에, 그리고 그것들과 함께 존재하는 하나의 상품체로서 나타나는 것이다(CW35:95).

마르크스에 따르면, 물신숭배는 인간의 노동생산물이 교환의 대상이 되는 상품으로 전환하는 순간부터 필연적으로 발생한다. 마르크스는 다리와 머리를 지닌 탁자에 비유해서 상품의 물신성에 대해 설명한다.

상품 자체에는 아무런 신비한 것이 없다. 인간이 자신의 활동을 통해 자연 소재의 형태를 자기에게 유용한 방식으로 변화시킨다는 것은 매우 분명한 일이다. 예를 들어 목재로 탁자를 만들면 목재의 형태는 변경된다. 그럼에도 불구하고 탁자는 여전히 목재이고 하나의 일상적이고 감성적인 물건일 뿐이다. 그러나 탁자가 상품으로 나타나면 그것은 감성적인 동시에 초감성적인 물건으로 변화한다. 탁자는 자기 다리로 땅 위에 설 뿐만 아니라 다른 모든 상품과 상대하여 머리로 서서 그 나무머리로 스스로 춤추기 시작하는 경우보다 훨씬 더 놀라운 환상을 전개시킨다(CW35:76).

노동생산물이 시장에서 사고팔리는 상품의 모습을 취하자마자 탁상 머리가 다리가 되고 다리가 머리가 되어 주객이 전도되는 수수께끼 같은 현상은 도대체 어디에서 비롯된 것일까? 마르크스에 따르면, 그것은 상품 그 자체의 속성으로부터 등장한다. "모든 인간노동의 동등성은 모든 노동생산물이 동등한 가치라는 사실에 의해 객관적으로 표현되며 그 지속시간에 의한 인간노동력의 지출의 척도는 노동생산물의 가치크기라는 형태를 갖는다. 나아가 생산자들의 노동이 전술한 사회적 규정성을 입증하는 터전인 생산자들의 상호 관계는 노동생산물 사이의 사회적 관계라는 형태를 취하게 된다"(CW35:76-77). 따라서 상품형태의 비밀은 단순히 다음과 같은 것이다.

상품형태는 인간에 대하여 인간 자신의 노동이 갖는 사회적 성격을 노동생산물 자체에 포함된 특성들로 보이게 만들거나 이 물적 존재들의 객관적 속성으로 비쳐 보이게끔 한다. 따라서 총노동에 대한 생산자들의 사회적 관계도 생산자들 외부에 존재하는 갖가지 대상들 자체의 사회적 관계로 비쳐 보이게끔 한다. 이러한 교체를 통해 노동생산물은 상품이 되고 감성적인 동시에 초감성적인 물적 존재 또는 사회적인 물적 존재로 전환한다(CW35:77).

마르크스는 이를 보다 알기 쉽게 드러내기 위해서 착시현상을 사례로 상품의 물신성에 대해 설명한다. 예컨대, 어떤 한 물체가 인간의 시신경에 주는 빛의 인상은 시신경의 주관적인 자극으로서가 아니라 눈의 외부에 있는 물체의 객관적 형태로 나타난다. 여기서 시각 자체는 빛이 외부에 존재하는 하나의 물체로부터 다른 하나의 물체인 눈의 망막을 자극함으로써 발생한다. 그러므로 시각이란 물체와 물체 사이의 일종의 물리적 관계이다.

이에 반해 상품형태나 이 형태가 나타내는 바의 노동생산물로부터의 가치관계는 노동생산물의 물리적인 성격이나 그로부터 생겨나는 물적 관계와는 아무 상관도 없다. 그것은 인간 자신들의 일정한 사회적 관계일 뿐이며 여기에서 그 관계가 사람들의 눈에는 물체와 물체 그 자체의 물리적 관계라는 환상적 형태를 취하게 된다. 따라서 그와 유사한 예를 찾기 위해서는 종교적 세계의 신비경으로 달아나야만 한다. 여기에서는 인간 두뇌의 산물이 그 자신의 생명을 부여받고 그 자신들끼리 또는 사람들과의 사이의 관계를 맺는 독립적인 모습으로 나타난다. 이것을 나는 물신숭배라고 부른다. 그것은 노동생산물이 상품으로 생산되자마자 이들에 달라붙는 것으로서 상품생산과는 불가분의 관계이다 (CW35:77).

상품세계의 물신적 특성은 앞서 언급했듯이 상품을 생산하는 추상적 노동, 곧 가치 특유의 사회적 성격으로부터 발생한 것이다. 일반적으로 인간에게 유용한 소비 대상으로서의 사용가치를 지닌 한 사물이 상품으로 되는 것은, 이것이 독립적으로 운영하는 사적 생산자들의 개별 노동의 산물이기 때문이다.

개별 생산자들은 자신들의 노동생산물을 교환함으로써 비로소 사회적으로 접촉하기 때문에 그들의 사적 노동이 지닌 특수한 사회적 성격도 역시 이 교환을 통해서만 비로소 나타나게 된다. 달리 말하면, 사적 노동은 생산자들 사이의 직접적 관계가 아니라 노동생산물과 그 노동생산물에 의해 매개되는 생산자들의 관계, 즉 오직 상품 교환을 통해서만 비로소 자신의 노동이 실제로 사회적 총노동의 일부임을 증명한다(CW35:77-78).

노동생산물이 교환됨으로써, 보다 구체적으로 화폐에 의해 매개되는 교환과정을 통해 노동생산물은 비로소 상품이 된다. 이를 통해 소비가 목표인 사용가치와 사회적 노동시간으로 표현되는 인간의 추상적 노동이 응결된 가치로의 분화가 실현되기에 이른다. 이러한 화폐상품경제가 확산되면 자급자족을 목표로 하는 전근대적, 전통적 경제체제는 폭력적인 해체과정을 피할 수 없다. 이 과정에서 생산자들의 사적 노동은 소비 대상으로서의 사용가치를 생산하는 구체적 노동과 시장에서의 판매를 목적으로 가치를 생산하는 추상적 노동을 실현하는 이중적 형태의 성격을 부여받는다.

시장에서의 판매를 목표로 상품생산이 일반화되고 그 상품이 화폐라는 매개체를 통해 교환되는 순간, 개별 생산자의 목표는 이제 더 이상 사용가치에 있는 것이 아니라 상품교환을 통해 실현되는 가치, 곧 그것의 구체적 형태로서의 화폐 취득에 놓이게 된다. 이로부터 사용가치를 만들어 내는 노동과, 가치를 만들어 내는 노동 사이의 분화는 필연적이며 이는 사용가치와 가치가 서로 다른 계급에게 달라붙는 역사적 결과를 초래한다.

화폐상품경제의 급속한 확대와 성장과정은 역사적으로도 중상주의의 등장과 상공업 발전, 그리고 이를 통해서 근대 부르주아가 부를 축적해 가는 15세기 이후의 유럽 사회의 발전 양상과 대체로 일치한다. 마르크스는 자급자족을 목표로 하는 전통적 경제체제에서 부의 축적을 목표하는 상품화폐경제로의 일련의 거대한 역사적 전환을 '시초축적' 또는 '본원적 축적'이라고 불렀다.

제4장
자본의 역사적 탄생과정으로서의 시초축적

    지금까지 상품과 화폐의 탄생을 주로 이론적 관점에서 고찰했다. 그런데 상품화폐경제가 반드시 자본주의 체제로 전환하는 것은 아니다. 상품화폐가 자본으로 전환하여 사회 전체의 핵심적 경제제도로 등장하기 위해서는 시대를 불문하고 특정한 역사적 조건을 필요로 한다. 마르크스는 교환에 기초한 상품화폐관계가 전 사회적으로 확산되어 자본주의로 전환하는 역사적 과정을 영국의 인클로저 운동 사례를 들어 분석했다.

    마르크스는 임금노동과 공장으로 대표되는 자본주의 경제체제를 전 사회적으로 확산하기 위한 필수조건을 창출하는 과정을 시초축적 또는 본원적 축적이라고 불렀다. 마르크스는 자본주의 역사에서 영국 사례가 갖는 의미에 대해 『자본론』「서문」에서 다음과 같이 규정했다.

자연과정을 관찰할 때에 물리학자는 가장 내용이 충실한 형태에서, 그리고 교란적인 영향으로 말미암은 불순화가 가장 적은 상태에서 관찰하거나, 과정의 순수한 진행을 보증하는 조건들 아래서 실험을 한다. 이 저서에서 내가 연구해야 하는 것은 자본주의적 생산양식 및 그 양식에 상응하는 생산 제 관계 및 교역 제 관계이다. 그것들이 전형적으로 나타나는 곳은 오늘날의 영국이다. 이것은 바로 나의 중요한 예증으로서 영국이 이용되는 이유이다. 그러나 독일의 독자들이 영국의 농업노동자와 공업노동자들의 상태에 대해 바리새인들처럼 어깨를 으쓱하거나 독일에서는 사태가 그렇게 악화되어 있지 않다고 낙관적으로 안심한다면 나는 그들에게 이렇게 말해 주어야만 한다. "바로 당신들 자신의 이야기요!"(CW35:19).

상품경제의 확산을 통해 자본주의적 생산관계가 탄생하는 역사적 계기로서의 시초축적에 관한 분석 역시 마찬가지이다.

여기서도 영국이 시초축적의 전형적 사례로 등장한다. 시초축적이란 문자 그대로 '최초의 자본축적'을 의미한다. 시초축적을 분석하기에 앞서 우리는 먼저 자본축적이 무엇을 의미하는지에 관해 살펴볼 필요가 있다.

자본축적이란 자본가가 시장에서 상품 판매를 통해 벌어들인 잉여가치 또는 이윤이 다시 자본으로 전환되는 과정을 의미한다. 여기서 중요한 것은 그렇다면 자본이 이윤으로, 그리고 이윤이 다시 자본으로 전환될 수 있게 하는 결정적 계기는 무엇인가 하는 점이다. 그것은 토지를 포함해서 그 어떤 생산수단을 소유하지 못한 무산자 계급, 곧 대규모 프롤레타리아트의 존재이다. 이들은 생존을 위해서 곧 임금노동자로 자본에 고용될 거대한 산업예비군 또는 자유노동의 저수지를 형성한다.

노동력이 상품으로서 노동자 자신에 의해 자유로이 판매되자 이러한 결과는 불가피해진다. 그러나 또 그때부터 비로소 상품생산은 일반화되고 또 전형적인 생산형태가 된다. 그때에야 비로소 모든 생산물은 처음부터 판매를 위해 생산되고 모든 생산된 부는 유통을 통과하게 된다. 임금노동이 상품생산의 기초가 될 때에야 비로소 상품생산은 그 자체를 온 사회에 강요한다. 그때에야 비로소 상품생산은 그동안 숨겨 왔던 모든 힘을 발휘한다. 임금노동의 개입이 상품생산을 불순하게 한다고 말하는 것은 상품생산이 불순하게 되지 않으려면 발전하지 말아야 한다고 말하는 것과 마찬가지이다. 상품생산이 그 자체의 내재적 법칙들에 의해 자본주의적 생산으로 성장해 감에 따라 상품생산의 소유법칙은 자본주의적 취득법칙들로 전환한다(CW35:550-551).

요컨대, 시초축적이란 자본주의적 생산에 본격적으로 들어가기에 앞서 그에 필요한 경제적, 역사적 조건을 마련하는 것이다. 이때 가장 중요한 것이 바로 인간의 노동 또는 노동력을 사고팔 수 있는 상품으로 전환하는 것, 곧 임금노동의 존재이다. 시초축적의 핵심적 의미는 상품화폐관계에서 벗어나서 자급자족의 삶을 영위하던 농촌의 소농계급이나 빈농, 소작농을 도시의 임금노동자로 전환시키는 거대한 역사적 계기를 지칭한다.

소농이나 빈농계급이 임금노동자로 전환되기 위해서는 두 가지 의미에서의 자유가 필요하다. 그것은 첫째, 자신의 몸뚱

이 외에 그 어떤 생산수단도 소유하지 못해야 한다. 다시 말해서, 생산수단으로부터의 자유이다. 만일, 일정한 화폐나 토지와 같은 생산수단을 소유한다면 자신의 노동력을 상품으로 판매할 이유가 하등 없을 것이기 때문이다.

둘째, 토지의 긴박 혹은 구속으로부터의 자유이다. 소농계급 내지 빈농이 농촌에서 벗어나 임금노동자로 전환하기 위해서는 수백 년 동안 그들을 봉건영주와 종교권력의 지배에 종속시켰던 대지로부터의 속박에서 풀려나야 한다. 그런 의미에서 소농계급이 임금노동자로 전환하는 과정은 생산수단을 박탈한다는 측면에서 대단히 고통스럽지만 그와 동시에 인간해방의 필수조건을 형성한다면 면에서는 이중적 의미를 지닌다.

자본축적은 이윤, 곧 잉여가치를 전제로 하고 잉여가치는 자본주의적 생산을 전제로 해야 하며, 또 자본주의적 생산은 상품생산자들 수중에 보다 많은 양의 자본과 노동력이 있어야 함을 전제로 한다. 그런데 이러한 전체 운동과정은 하나의 악순환을 이루며 회전하는 것처럼 보인다. 우리가 이 악순환으로부터 벗어나려면 본격적인 자본주의적 축적에 선행하는 '시초축적', 곧 자본주의적 생산양식의 결과가 아니라 그 출발점으로서의 최초의 축적과정을 상정할 필요가 있다.

마르크스에 따르면, 인간이 자신의 생계를 영위해 나가는 생산수단과 생활수단이 처음부터 자본이 아니었던 것과 마찬가지로 화폐와 상품도 애초부터 자본이었던 것은 아니다. 따라서 화폐와 상품은 자본으로의 전환을 필요로 한다. 그런데 이 전환 자체는 일정한 역사적 조건하에서만 발생할 수 있다. 그 조건이란 다음과 같이 요약된다.

아주 다른 부류의 상품 소유자가 대면하여 접촉하는 것이 반드시 요구된다. 그 한쪽은 화폐와 생산수단 및 생활수단의 소유자로서, 그들에게는 타인의 노동력을 구입하여 자신이 점유하고 있는 가치액, 곧 화폐를 증식하는 일이야말로 진정 필요한 일이다. 다른 한쪽은 자신의 노동력을 파는 자, 즉 자유노동자로서, 따라서 노동을 파는 자이다. 자유노동자라는 것은 노예와 농노처럼 그들 스스로 직접적으로 생산수단의 일부인 것도 아니고, 또 자영농민 등의 경우와 같이 생산수단이 그들의 소유인 것도 아니다. 오히려 생산수단으로부터 분리되어 있다는 의미에서 이중의 의미에서 자유노동자인 것이다. 상품시장의 이러한 양극 분화와 함께 자본주의적 생산의 온갖 기본조건들이 갖추어진다 (CW35:668).

자본주의적 생산관계는 이처럼 직접생산자와 노동의 실현조건인 생산수단의 소유 사이의 분리를 전제로 한다. 자본주의적 생산이 일단 자신의 발로 서게 되면 그것은 이러한 분리를 유지시킬 뿐만 아니라 이를 확대 재생산한다. 따라서 자본관계를 창출하는 과정은 노동자를 자기 노동조건의 소유로부터 분리하는 과정, 곧 한편으로는 생활수단과 생산수단을 자본으로 전환시키고, 다른 한편으로는 직접생산자를 임금노동자로 전환시키는 과정, 바로 그것이다.

한마디로, '시초축적'이란 바로 생산자와 생산수단의 역사적 분리과정에 다름 아니다. 그것이 최초, 곧 '시초'의 본원적 형태로 나타나는 이유는 그것이 바로 자본 및 자본에 대응하는 생산양식의 전사前史를 이루고 있기 때문이다(CW35:668).

한편, 임금노동자와 자본가를 만들어 내는 동시적 과정, 곧 시초축적의 출발점은 바로 직접생산자인 농민의 예속상태였다. 그 진전은 이 예속의 형태 변화, 곧 봉건주의적 착취에서 자본주의적 착취로의 전환에 있다. 이러한 착취형태 전환의 발자취를 우리가 이해하는 데에는 그렇게까지 과거로 거슬러 올라갈 필요는 없다. 자본주의적 생산의 첫 맹아는 이미 14-15세기에 지중해 연안의 몇몇 도시에서 산발적으로 나타났다.

하지만 자본주의 시대가 본격화한 것은 16세기 이후의 일이다. 자본주의 시대가 출현한 곳은 훨씬 이전에 이미 농노제가 완전히 폐지되고 중세의 정점인 자치도시의 존립도 훨씬 이전부터 빛을 잃어 가던, 그런 곳이었다.

역사적으로 보아 시초축적의 역사에서 획기적인 사건은 많은 인간이 갑자기 폭력적으로 그 생존수단으로부터 분리되어 보호받을 길 없는 프롤레타리아로서 노동시장에 내던져진 그 사건이다. 농촌의 생산자, 곧 농민으로부터의 토지 수탈은 이 모든 과정의 기초를 이루고 있다. 이 수탈의 역사는 나라마다 다른 모습을 보이고 있으며, 이 역사가 여러 단계를 거치는 순서와 역사상의 시대도 나라마다 다르다. 그것이 전형적인 형태를 띠고 나타나는 곳은 영국뿐이다. 그 때문에 우리는 영국을 예로 삼는다 (CW35:669-700).

시초축적의 측면에서도 마르크스는 영국을 전형적 사례로 다룬다. 영국에서 시초축적의 중대 계기를 형성한 역사적 사건은 멀쩡한 토지를 갈아엎고 양 방목지와 초지 확보를 위한 울타리 치기로 널리 알려진 '인클로저 운동'이었다.

토머스 모어가 '양이 사람을 잡아 먹는다'고 일갈했던 인클로저 운동이 영국 자본주의 발전에 지닌 경제사적 의미는 바로 직접생산자인 농민으로부터의 토지 수탈이다. 마르크스는 영국에서 자본주의적 생산양식의 기초를 이룬 변혁의 시작은 15세기의 마지막 30년과 16세기의 초기 수십 년 사이에 집중해서 이루어진 것으로 간주한다.

일차적으로 봉건영주 소유의 장원에 소속되어 있던 가신집단이 해체됨으로써 보호받을 길 없는 대규모의 프롤레타리아가 노동시장으로 내몰렸다. 그 자신 부르주아적 발전의 한 산물인 왕권이 절대 권력을 추구하면서 봉건가신단의 해체를 강압적으로 촉진했다고는 하지만, 그것이 결코 그 해체의 유일한 원인은 아니었다.

오히려 강대한 봉건영주가 왕권 및 의회에 가장 완강히 대항하면서, 토지에 대해 그 자신과 똑같은 봉건적 권리를 지니고 있던 농민을 그 토지로부터 폭력적으로 내쫓고 농민의 공유지를 강탈함으로써 비교가 안 될 만큼 많은 수의 프롤레타리아를 만들어 냈다. 인클로저 운동은 이처럼 농민들에게서 토지를 수탈하기 위한 목적에서 비롯되었다.

인클로저 운동의 직접적인 원동력이 되었던 것이 영국에서는 특히 플랑드르의 양모 매뉴팩처의 성장과 그에 상응한 양모 가격의 등귀였다. 옛 봉건귀족은 대규모의 봉건 전쟁으로 몰락해 버렸고 새로운 귀족이 화폐가 권력 중의 권력이 된 새로운 시대의 주인공이 되었다. 따라서 경지의 목양지화가 새로운 귀족의 슬로건이 되었다(CW35:672).

농민에 대한 토지의 폭력적 수탈과정은 16세기에 들어서면서 종교개혁과 그 결과인 대규모의 교회령 약탈을 통해서 추진력을 새롭게 획득했다. 종교개혁 시대에 가톨릭교회는 영국 토지의 대부분을 차지하고 있던 봉건적 소유자였다. 수도원 등에 대한 억압으로 말미암아 이 교회령의 주민들은 프롤레타리아로 내몰렸다.

교회령 자체는 대부분 국왕의 욕심 많은 신하들에게 주어졌거나 아니면 헐값에 투기적인 차지농업가나 도시 부르주아들에게 팔렸고, 이들은 이전의 세습소작인들을 대거 몰아내고 소작인들의 농장을 하나로 합쳤다. 법률에 의해 빈곤한 농민들에게 보장되었던 교회의 십일조와 관련된 소유권 역시 예고조차 없이 몰수당했다(CW35:675).

마지막으로 봉건제도하의 유럽에서 농민들의 오랜 생활터전이었던 공유지에 대한 수탈이 시초축적의 중대한 계기를 이룬다. 공유지에 대한 폭력적 수탈은 대개의 경우 경지의 목장화, 곧 인클로저 운동을 수반하면서 15세기 말에서 시작해서 16세기 내내 계속되었다. 이 과정은 주로 지주나 봉건영주 개인의 사적 폭력에 의해서 강탈이 이뤄졌다. 공유지에 대한 수탈은 18세기에 들어서도 멈추지 않았는데, 차이점이 있다면 18세기의 진보는 법률 자체가 이제는 농민 공유지의 유력한 강탈수단이 되었다는 점일 뿐이었다.

토지 강탈의 의회적 형태는 '공유지 울타리 치기 법안'이라는 형태를 취했다. 바꿔 말하면 그것은 지주가 농민 공유지를 사유지로 증여받기 위한 법령이고 농민 수탈의 법령이었다. 이든 경卿은 공유지를 봉건영주를 대신한 대토지 소유자의 사유지라고 설명하려 했던 자신의 교활한 변론을 스스로 반박하고 있다. 곧, 그 스스로가 '공유지 울타리 치기를 위한 일반 의회법'을 요망하고 있는데, 이는 공유지를 사유지로 만들기 위해서는 하나의 의회적 쿠데타가 필요하다는 점을 인정한 것에 지나지 않는다. 하지만 그는 다른 한편으로는 수탈당한 빈민을 위한 '손해보상'을 의회에 요구하고 있는 것이다(CW35:678).

교회령의 강탈, 국유지의 사기적인 양도, 공유지의 약탈, 강탈적이고 무자비한 폭력에 의해 이루어진 봉건적 소유 및 씨족적 소유의 근대적 사유로의 전화, 이것들은 모두 본원적 축적의 목가적인 방법 가운데 하나였다. 그것들은 자본주의적 농업을 위한 영역을 점령하고 토지를 자본에 합체시켰으며 도시공업에 필요한 보호받을 길 없는 프롤레타리아를 공급했다. 바로 이것이 시초축적이 지닌 진정한 의미였다.

농민대중을 수탈하여 토지에서 축출하는 전 과정은 직접생산자와 생산수단을 산업자본을 위해 분리시키는 역사적 과정임과 동시에 국내시장을 창출하는 과정이기도 했다. 실제로 소농민을 임금노동자로 전화시키고 그들의 생활수단과 노동수단을 자본의 물적 요소로 전환시킨 일련의 과정은 그와 동시에 산업자본을 위한 국내시장을 만들어 냈다.

과거에 농가는 생활수단과 원료를 생산, 가공해서 그 대부분을 스스로 소비했다. 이들 원료와 생활수단은 이제 상품이 된다. 대규모 차지농업가는 그 판매자이며, 그는 매뉴팩처에서 자신의 시장을 발견한다. 실, 아마, 조제모직물 등 그 원료를 어느 농가에서든 얻을 수 있었고 각 농가에서 자가소비를 위해 짰던 물품들이 이제는 매뉴팩처의 제품이 되어 바야흐로 농촌 지역이 오히려 이들 제품의 판매시장이 되었다. 지금까지는 자기 스스로의 계획 아래 노동하던 수많은 소생산자에 의존해 온 다수의 분산된 고객이 이제는 집중되고, 산업자본으로부터 조달을 받은 하나의 거대한 시장으로 바뀌었다. 이리하여 과거의 자영농민에 대한 수탈 및 그들의 생산수단으로부터의 분리와 더불어 농촌 부업의 파괴, 매뉴팩처와 농업과의 분리가 진행된다. 그리고 오직 농촌 가내공업의 파괴를 통해서만 자본주의적 생산양식이 필요로 하는 한 나라의 넓고 튼튼한 국내시장이 존립할 수 있다(CW35:699-700).

시초축적과 국내시장의 형성과정은 비단 매뉴팩처 단계에 한정되지 않는다. 그것은 대규모의 임금노동자와 이들을 고용할 수 있는 거대 산업자본의 형성이 진정한 목적이기 때문이다. 그러려면 대공업이 기계를 이용하면서 자본주의적 농업에 항상적인 기초를 부여하고 엄청난 숫자의 농민들을 철저하게 수탈하여 방적, 직물산업의 토대인 가내수공업적, 농촌적 공업의 뿌리를 흔들어 놓음으로써 매뉴팩처와 농업을 완전히 분리시켜야 한다. 대공업은 이 과정을 통해 비로소 산업자본을 위해 국내시장 전체를 정복할 수 있게 된다(CW35:700-701).

이처럼 시초축적은 국내시장과 대규모 산업자본 형성을 위해서 농촌과 가내수공업에 대한 원시적이고도 적나라한 수탈의 형태를 띤다. 그것의 목표는 농민으로부터 생산수단과 생활수단을 폭력적으로 분리시킴으로써 농촌에 오직 자본이 생산한 상품 판매를 위한 경제적 토대로서의 시장을 형성하는 것이었다. 마르크스는 자본주의적 생산양식의 '영구적 자연법칙'을 해방시키고 노동자가 그 모든 노동조건들로부터 분리되는 과정을 완성하며, 나아가 한쪽 극에서는 인민을 근대사의 훌륭한 작품인 임금노동자, 곧 자유로운 노동 군대로 전환하기 위해서는 이러한 수고가 필요했을 것이라고 일갈하면서, 다음과 같은 유명한 말로 시초축적에 대한 분석을 마무리한다.

오지에르가 말했듯이 만약 화폐가 그 뺨에 자연의 핏자국을 묻히고 이 세상에 태어난다면 자본은 머리에서 발끝까지의 모든 털구멍에서 피와 오물을 흘리면서 태어난다(CW35:711-712).

자본주의적 축적의 역사적 경향

자본의 시초축적, 곧 자본의 역사적 탄생과정은 어떤 결과에 이르는가? 마르크스는 이 대목에서 다양한 사적 소유형태에 대한 분석을 전개한다. 단순하게 표현해서 자본의 역사적 발생과 그로 인한 자본주의적 소유형태의 전개는 인류 역사상 오랫동안 존재해 온 농민 개개인의 소경영 내지 자기 노동에 기초한 소농민생산의 해체에 다름 아니다. 따라서 그것은 그저 직접생산자의 수탈, 곧 자기 노동에 기초한 사적 소유의 폐지와 다름 없었다.

사회적, 집단적 소유의 대립물로서의 사적 소유는 오직 노동수단과 노동의 온갖 외적 조건들이 개인의 소유물인 경우에만 존립한다. 그러나 이 개인이 노동자인가 비노동자인가에 따라 사적 소유의 성격도 달라진다. 언뜻 보기에 사적 소유의 무한한 색조는 다만 이 양극단 사이에 놓인 갖가지 중간상태들을 반영하고 있을 뿐이다(CW35:713).

마르크스는 개별적 형태로 진행되어 온 소농민 소유의 역사적 역할에 대해 높이 평가한다. 실제로 미국과 같은 사회는 지금도 소농민 소유가 농업의 주요 경제형태를 이루고 있다. 하지만 그것의 한계 역시 뚜렷하다. 왜냐하면 소농적 소유는 대규모의 생산력 발전을 가로막고 있기 때문이다.

노동자가 자신의 생산수단을 소유하는 것은 소경영의 기초이며, 소경영은 사회적 생산과 노동자 자신의 자유로운 개성의 발전을 위해 반드시 필요한 조건들 가운데 하나다. 확실히 이와 같은 생산양식은 노예제나 농노제 및 그 밖의 예속적 관계들 내부에도 존재한다. 그러나 그것이 번영하고 온 힘을 다 발휘하며 적당한 전형적 형태를 획득하는 것은 노동자가 자신이 취급하는 노동조건의 자유로운 사적 소유자일 경우, 곧 농민은 자신이 경작하는 땅의, 수공업자는 그가 숙련된 손으로 다룰 도구의 자유로운 사적 소유자일 때뿐이다(CW35:713).

이 생산양식은 토지 및 그 밖의 생산수단의 분산을 전제로 한다. 그것은 생산수단의 집적을 배제하는 반면에 똑같은 생산과정 내에서의 분업과 협업, 자연에 대한 사회적 지배와 규제, 사회적 생산력의 자유로운 발전도 배제한다. 그것은 생산 및 사회의 협소한 자연발생적 테두리 안에서만 조화를 이룰 뿐이다. 따라서 소농적 소유형태는 시장이 확대되면서 대규모 생산이 진전됨에 따라 자본주의적 소유형태에 자리를 내주게 된다.

어느 정도의 수준에 이르면 소농적 소유에 기초한 소경영 생산양식은 자기 스스로를 파괴하게 될 물적 수단을 창출해 낸다. 이 순간부터 사회의 태내에서는 이 생산양식을 질곡으로 느끼는 힘과 열정이 움직이기 시작했다. 이 생산양식은 소멸하지 않을 수 없으며, 또 실제로 소멸한다. 그것의 소멸, 다시 말해 개인적으로 분산되어 있던 생산수단이 사회적으로 집적된 생산수단으로 전화되고, 따라서 다수자에 의한 소량의 소유가 소수자에 의한 대량의 소유로 전환되어 나아가서 대다수 민중으로부터 토지와 생활수단 및 노동용구가 수탈되는 이 무섭고 고통스러운 민중 수탈이야말로 자본의 전사前史를 장식한다(CW35:714).

마르크스에 따르면, 직접생산자에 대한 최초의 수탈과정, 곧 시초축적은 가장 무자비한 야만적 행위로서 가장 파렴치하고 더러우며 비열하고도 가증스러운 욕정의 충동에 따라 진행된 것이다. 자기 노동을 통해 획득한, 다시 말해서 개개의 독립적 노동개체와 그의 온갖 노동조건들의 유착에 기초한 사적 소유는 소멸하고 사실상 다른 사람의 노동이면서도 형식적으로는 자유로운 노동의 착취에 기초한 자본주의적 사적 소유가 그 자리를 대신한다.

자본주의적 생산이 진전될수록 자본가들 사이의 목숨을 건 경쟁이 시작된다. 이로부터 자본에 의한 자영노동의 수탈뿐만 아니라 자본가들 사이의 수탈 역시 발생한다. 자본주의적 생산 양식이 자기의 발로 서게 되면 "수탈되는 것은 이제 자영적 노동자가 아니라 많은 노동자를 착취하고 있는 자본가들 자신이다"(CW35:714). 따라서 기업합병으로 상징되는 자본의 집중과 집적으로 인한 대규모 독점자본의 출현은 결코 우연이 아니며 자본주의 경제발전의 필연적 결과이다.

이 수탈은 자본주의적 생산 자체의 내재적 법칙들의 작용을 통해, 또 여러 자본들의 집중을 통해 진행된다. 하나의 자본가는 언제나 다른 많은 자본가를 타도한다. 이 집중, 곧 다수 자본가에 대한 소수 자본가의 수탈과 함께, 갈수록 대규모화하는 노동과정의 협업적 형태, 과학의 의식적·기술적 응용, 토지의 계획적 이용, 노동수단의 공동적인 사용으로의 전화, 결합적·사회적 노동을 생산수단으로 사용함에 따른 모든 생산수단의 절약, 세계시장 망 속으로의 세계 각국민의 편입 등등으로 말미암아 자본주의 체제의 국제적 성격이 발전하게 된다(CW35:714-715).

자본주의는 세계시장을 창출함으로써 일국적, 지역적 한계를 넘어 전 지구적 성격을 획득한다. 이 전환과정에서 선발 자본주의 국가의 기득권은 공고히 될 뿐만 아니라 개별 자본 수준에서도 시장에 진입할 수 있는 기회는 그야말로 하늘의 별 따기로 된다.

마르크스는 자본주의적 생산이 세계적으로 확산되어 감에 따라 여기에서 발생하는 그 모든 이익을 가로채 독점하는 대자본가의 수가 끊임없이 감소되어 감에 따라 빈곤, 억압, 예속, 타락, 그리고 착취의 정도는 오히려 증대된다고 말한다. 마르크스의 이러한 예언은 윈도우 등 컴퓨터 운영체제os를 마이크로소프트라는 단 하나의 미국 기업이 독점하고, 스마트폰 시장을 애플과 삼성 두 기업이 독점하고 있는 현재의 시점에서도 여전히 유효하다.

마르크스는 전 세계적 차원의 독점이 심화될수록 이에 비례하여 노동자 계급의 조직화와 함께 계급투쟁의 양상 또한 지구화될 것임을 예측했다. 자본주의의 발전과 전 지구적 확산은 동시에 자본주의적 사회의 무덤을 파는 인부들의 수를 그만큼 늘려 가는 과정에 다름 아니기 때문이다. 이 과정을 통해서 그 어느 시점에서는 인간 능력의 전면적 발전을 가로막는 사적 소유라는 협소한 경제적 토대 역시 종말을 고하게 될 것이라는 게 자본주의 축적의 역사적 경향에 대한 마르크스의 최종 진단이다.

끊임없이 팽창하는, 그리고 자본주의적 생산과정 자체의 기구를 통해 훈련되고 결합되며 조직되는 노동자 계급의 반항도 증대해 간다. 그런데 자본 독점은 그와 함께, 또 그 바탕에서 개화한 이 생산양식에 대해 질곡으로 작용하게 된다. 생산수단의 집중이나 노동의 사회화는 마침내 자본주의적 외피와는 조화될 수 없는 시점에 이르게 되는 것이다. 이 시점에서 외피는 폭파된다. 자본주의적 사적 소유의 조종이 울린다. 이제는 수탈자가 수탈당하게 된다(CW35:715).

제5장
임금노동과 잉여가치

　『자본론』에서 가장 중요한 개념 하나를 꼽는다면 그것은 단연 '잉여가치'이다. 마르크스는 잉여가치를 설명하기 위해서 『자본론』을 썼다고 해도 과언이 아니다. 그 정도로 '잉여가치'는 마르크스 경제이론의 중추 개념이다. 잉여가치를 올바로 이해하기 위해서는 앞에서 설명한 시초축적의 결과에서 시작해야 할 것으로 여겨진다.

　우리는 영국의 인클로저 운동을 시초축적의 전형적 사례로 들었다. 시초축적의 사회경제적 결과를 설명하면 두 가지로 요약할 수 있다. 첫째, 시초축적은 상품화폐경제의 확산을 통해 전근대적 농촌경제를 해체했다. 그 결과, 토지는 소수의 지주

귀족계급이나 농업노동자를 고용할 수 있는 차지농업가의 손에 집중됐다. 이로부터 지주에게 땅을 빌려 농사짓던 소작농 또는 빈농들은 생존을 위해서 일자리를 찾아 도시로 나갈 수밖에 없었다. 바로 이들이 산업자본가들에게 저임금으로 노동자들을 고용할 수 있게 하는 산업예비군의 거대한 저수지를 형성한다.

둘째, 토지로부터 분리된 농민들이 도시에서 일자리를 찾아 헤맬 수밖에 없는 이유는 그들에게는 더 이상 생존을 영위할 수단이 없기 때문이다. 경작할 토지가 수중에 남아 있었다고 한다면 고향산천을 등질 하등 이유도 없었다.

화폐의 자본으로의 전화를 위해서 화폐 소유자는 상품시장에서 자유로운 노동자를 발견해야 한다. 여기서 자유롭다는 것은 자유로운 노동자가 자유로운 인격으로서 스스로의 노동력을 스스로의 상품으로 마음대로 처분할 수 있다는 의미에서, 그리고 다른 한편으로는 판매할 다른 상품을 갖고 있지 않고 자기 노동력의 실현에 필요한 모든 물적 조건에서 떨어져 자유롭다는 이중적 의미에서다(CW35:166).

그러나 한 가지는 분명하다. 마르크스에 따르면, 자연은 한 편에서는 화폐 소유자 또는 상품 소유자를 만들어 내고 다른 한편에서는 자기 노동력만을 소유하는 자를 만들어 내거나 하지 않는다. "이 관계는 결코 자연사적인 것도 아니며 또 역사상의 모든 시대에 공통되는 사회적 관계도 아니다. 그것은 분명히 선행한 역사발전의 결과이며 많은 경제적 변혁의 산물이자 일련의 낡은 구성체의 몰락의 사회적 산물이다"(CW35:166).

결국 농촌에서 도시로 축출당한 농민들에게 생존을 위한 선택지란 굶어 죽거나 구빈원에 들어가거나 아니면 자본가들이 운영하는 공장에 취업하는 길뿐, 그 외에 다른 수단은 존재하지 않았다. 이러한 상황은 1990년대 말 IMF 금융위기로 인해 한국 사회에 밀어닥친 경제적 재난을 떠올리면 어느 정도 이해할 수 있을 것이다.

인간에게 생존의 절박함만큼 그들의 행동을 강제할 힘은 존재하지 않는다. 자본주의 이전 사회에서는 국가에 의해 자행되는 정치적 폭력이 사회구성원들을 복종시키기 위한 강제력을 행사했다면, 이제는 눈에 보이지 않지만 그보다 더 강력한 경제적 강제가 사람들을 자본에 복종하게 만든다.

시초축적에 의해 도시로 이주할 수밖에 없었던 영국의 농민들이건 IMF 사태로 길거리로 내몰린 남한의 실업자들에게 한 가지 공통점이 있다면, 그것은 다름 아닌 그 자신과 가족의 의식주를 해결할 수 있는 구매수단, 곧 화폐가 수중에 존재하지 않는다는 사실이다. 자유시장 경제건 자본주의 경제건 그 명칭을 무엇이라 부르든지 간에 현대사회에서 돈이 없으면 생계를 꾸려 나가는 게 불가능하다는 사실은 삼척동자도 다 안다.

자기 수중에 돈이 없다는 것은 다른 말로 가처분 소득, 곧 구매력을 상실했음을 의미한다. 이러한 경제적 곤궁을 타개할 수 있는 거의 유일한 방법은 자본가가 운영하는 기업이나 상점에서 일자리를 구하는 수 외에는 달리 없어 보인다.

이처럼 노동자 자신과 가족의 생계를 위해 자본가에게 일자리를 구할 수밖에 없는 상황은 시초축적의 결과로 인해 토지, 공장 등 생산수단이 자산계급의 소유로 집중된 반면, 대다수 사회구성원들에게는 자신의 신체 또는 몸 이외에 아무런 소유물도 없기 때문에 발생한 것이다. 이로부터 후자, 곧 자신의 신체 외에는 아무런 소유물이 없는 사람들에게는 자본가에게 자신의 노동을 제공해서 생존을 영위하는 것 외에는 달리 선택의 여지가 없는 구조적 상황이 연출되는 것이다. 자신의 노동력을 자본가에게 제공하는 대가로 삶을 영위할 수 있는 의식주 등 생활수단을 마련하는 경제행위가 바로 임금노동에 대한 정의다.

임금노동은 문자 그대로 자신의 노동을 팔아서 생계를 영위하는 것을 나타낸다. 그런데 잉여가치 개념을 이해하기 위해서는 여기서 한 발 더 내디뎌야 한다. 마르크스는 단순히 노동자가 생계를 위해 노동을 판매한다는 통상적인 임금노동에 대한 정의에 만족하지 않았다. 잉여가치를 설명하기 위해서 마르크스는 노동자가 무언가를 할 수 있는 행위능력 자체, 곧 '노동력'과, 그러한 능력을 활용해 무언가를 만들어 내는 활동 그 자체인 '노동'을 명확하게 구분했다.

이는 수중에 자신이 처분할 수 있는 돈을 지녔음을 의미하는 구매력과, 그 돈을 가지고 무언가를 직접 구매하는 활동이 별개라는 사실과 동일하다. 인간이 노래를 부를 수 있는 가창력과 실제 무대에서 노래를 부르는 행위는 같지 않다는 점을 통해서도 노동과 노동력의 구분은 쉽게 알 수 있는 일이다.

자본가가 노동시장에서 구매한 상품은 노동자의 노동능력,

곧 노동력이지 직접적 활동으로서의 노동은 아니다. 따라서 임금 역시 다른 상품들과 마찬가지로 그것을 직접 소비하는 것과 별개로, 노동할 수 있는 능력, 곧 상품으로서의 노동력에 대한 지불이지 노동력이라는 특수한 상품을 활용해서 무언가를 제조하는 활동 자체에 대한 대가는 아니다.

이로부터 자본가가 시장에서 구매한 상품으로서의 노동력은 일단 자본가가 구매한 순간, 다른 상품의 운명과 마찬가지로 더이상 노동자 소유가 아니라 자본가의 소유로 그 권리가 이전된다. 이것이 등가교환이라는 자본주의적 계약관계에 비추어 불합리하지 않은 것은, 자본가는 노동력을 구매한 대가로 노동력 상품의 가치 또는 그 가격인 임금을 지불했기 때문이다.

그렇다면 임금의 가치는 어떤 방식으로 결정될까? 임금 역시 다른 모든 상품과 마찬가지로 이 특수한 물품의 생산, 다시 말해서 노동력 생산에 필요한 노동시간에 의해 규정된다. 이것이 가치인 까닭에 노동력 상품 역시 그것의 생산 및 재생산에 포함된 사회적 평균노동의 일정한 크기를 나타낼 뿐이다.

노동력은 살아 있는 개인의 소질로서만 존재한다. 따라서 노동력의 생산은 이 개인의 존재를 전제로 한다. 이 개인의 존재가 주어져 있다면 노동력의 생산은 그 자신의 생산 또는 유지이다. 자기 자신을 유지하기 위해서는 이 살아 있는 개인은 일정량의 생활수단을 필요로 한다. 그러므로 노동력의 생산에 필요한 노동시간은 이 생활수단의 생산에 필요한 노동시간으로 귀착된다. 바꿔 말하면 노동력의 가치는 그 소유자의 유지를 위해 필요한 생활수단의 가치이다(CW35:167).

그런데 노동력은 그것의 발현을 통해서 실현되며, 따라서 노동을 통해서 자신의 능력을 실증한다. 노동력의 실증인 노동에서는 인간의 근육이나 신경 또는 뇌수 등의 일정량이 지출되는 것이고 그것은 다시 보충하지 않으면 안 된다.

이 지출의 증가는 수입의 증가를 조건으로 한다. 노동력의 소유자가 오늘의 노동을 끝마쳤다면 내일도, 모레도 동일한 조건의 힘과 건강을 지닌 채 동일한 과정을 반복할 수 있어야만 한다. 그러므로 생활수단의 총액은 노동하는 개인을 정상적인 생활상태에 있는 노동하는 개인으로서 유지하기에 충분한 것이어야 한다.

음식물이나 의복, 난방, 주택 등과 같은 자연적인 욕망 그 자체는 한 나라의 기후 및 기타 자연적 특색에 따라 다르다. 다른 한편, 이른바 '필요욕망'의 범위와 그 충족방식 자체도 하나의 역사적 산물이고 따라서 대체로 한 국가의 문화단계에 의해 정해질 것이다. 특히, 자유로운 노동자 계급이 어떤 조건하에서, 곧 어떤 습관이나 생활요구를 갖고 형성되었는가에 의해 정해지는 것이다. 따라서 노동력의 가치 규정은 다른 상품의 경우와는 달리, 어떤 역사적, 도덕적 요소를 포함한다. 이러한 특수성을 전제한다 해도, 일정한 국가, 일정한 시대에는 노동자가 정상적 삶을 유지하는 데 요구되는 필요생활수단의 평균 범위가 주어져 있다 (CW35:168).

잉여가치의 발생은 바로 자본가가 노동이 아니라 노동자의 노동능력, 곧 노동력을 구매한 이유에서 잘 드러난다. 자본가란 우리 모두가 잘 알고 있듯이 기업가, 곧 일정한 크기의 자본을 투자해서 그것을 초과하는 경제적 이윤 창출을 목표로 활동하는 특정 계급 내지 계층을 지칭한다. 다시 말해서, 가난한 사람을 구제하기 위한 자선사업은 자본가의 목표가 될 수 없다.

그렇다고 가진 돈이 많아 한가하게 삶을 영위하기 위한 유한활동은 더더욱 아니다.

자본가가 기업활동을 하는 목표는 오직 하나, 자신이 투자한 자본에 더해 더 많은 돈, 곧 이윤을 얻기 위함이다. 자본주의 사회에서는 이것이 생산적 경제활동의 정의다. 여기서의 핵심은 자본가가 최초에 투자한 자본액에 비해서 더 많은 돈을 벌어들일 수 있는, 다시 말해서 이윤을 창출할 수 있는 근거가 외부가 아니라 자본의 생산과정 내부에서 발생할 수 있어야 한다는 점이다. 따라서 직접적인 경제적 생산이 진행되는 공장 안에, 노동자들의 노동에 자본가가 이윤을 취득할 수 있는 근거인 잉여가치의 비밀이 숨겨져 있다.

잉여가치는 자본가가 노동자의 노동능력, 곧 노동력을 하나의 상품으로 구매했다는 사실에서 이미 시작된다. 자본가가 노동력을 구매한 이유란 바로, 자신이 구매한 노동자의 노동력을 활용하여 공장 또는 작업장에서 무언가를 생산하기 위해서일 것이기 때문이다.

그런데 여기서 결정적으로 중요한 경제적 사실은 단지 무언가를 생산하는 게 자본가 비즈니스의 목적은 아니라는 것이다.

공장에서 생산된 물건을 시장에 내다 팔아서 거기서 이윤을 얻는 게 자본가의 목표다. 따라서 자본운동의 한 행정, 한 사이클은 자본가가 노동시장에서 노동력을 구매해서 노동자들에게 임금을 지급하는 것에서 시작한다. 그런 다음 노동자들이 임금의 대가로 공장에서 생산한 제품을 시장에서 판매해 벌어들인 이윤을 자본가가 취득함으로써 끝난다고 할 수 있다. 그렇다면 자본가의 이윤은 도대체 어디에서 나오는 것일까?

마르크스는 시장에서 상품을 파는 행위, 곧 유통과정을 통해서는 이윤이 창출될 수 없음을 분명히 한다. 왜냐하면 상품을 파는 행위는 아무리 다르게 표현해도 하나의 교환과정에 지나지 않기 때문이다. 교환이란 동일 가치 혹은 동일 가격, 곧 상품에 포함된 노동시간이 교환되는 한에서 등가교환을 전제로 한다. 따라서 상품 유통과정이 등가교환인 한에서 구매와 판매로 이루어지는 교환행위 자체, 곧 유통을 통해서는 결코 이윤을 창출할 수 없다.

만일 유통과정에서 이윤이 만들어지는 것이 아니라면, 이윤은 생산과정에서 만들어질 수밖에 없다. 왜냐하면, 이윤은 자본운동의 산물이며, 자본운동은 생산과정과 유통과정으로 이루어지기 때문이다. 이윤의 원천이 자본주의적 생산과정에 놓여 있다고 한다면 이윤을 창출할 수 있는 힘은 오직 무언가를 만들어 내는 활동인 노동과정으로부터 나온다.

그런데 노동이란 오직 그러한 행위능력을 담지한 생산주체로서의 노동자의 경제적 활동 이외에 다른 무엇일 수 없다. 따라서 자본가의 경제활동 목표인 이윤은 임금노동을 통해서만 만들어질 수밖에 없다는 결론에 도달한다.

이윤의 원천으로서의 잉여가치

이윤의 근거가 자본주의적 생산과정의 결과인 잉여가치에서 나오는 게 확실하다면 이제 논의의 중심은 잉여가치란 무엇인가, 그리고 잉여가치는 어떻게 만들어지는가로 자연스럽게 옮겨질 수밖에 없다. 잉여가치란 자본주의 경제의 산물이다. 보다 정확하게 표현해서, 자본주의적 노동과정의 산물이다. 따라서 잉여가치 개념을 올바로 이해하기 위해서는 노동자가 임금을 받은 대가로 자본가에게 자신의 노동을 제공하는 과정, 곧 노동력을 사용해서 공장에서 상품을 만드는 직접적 생산과정을 분석해야 한다.

우리는 시초축적의 결과, 공장 및 토지로 상징되는 생산수단은 자본가와 지주들의 손에 집중된 반면, 농촌으로부터 쫓겨난 농민들의 경우 수중에 돈이 없기 때문에 생계수단을 마련하기 위해서 공장에 취업할 수밖에 없는 상황에 대해 살펴보았다. 이때 자본가는 노동자들을 고용하고 노동력 상품의 가격인 임금을 지급한다. 다른 한편으로 이들은 기계 및 원료를 구매하여 노동자들에게 공장에서 일을 시킴으로써 시장에 내다 팔 상품을 만들어 낸다.

생계를 위해 임금을 받은 노동자들은 그 대가로 자본가들을 위해서 공장에서 일을 한다. 그게 노동자와 자본가 사이의 계약조건의 전부이다. 공장에서의 노동을 통해 노동자들은 원료와 기계를 결합하여 자신이 받은 가치, 곧 임금에 더해서 새로운 가치를 만들어 낸다. 바로 이것이 자기가 받은 임금보다 더 많은 양의 새로운 가치를 창출한다는 의미를 지닌, 문자 그대로 잉여가치에 대한 정의다.

보다 알기 쉽게 설명하면, 잉여가치란 노동자가 자본가에게서 받은 임금가격과 공장에서 자본가에게 제공한 노동의 결과로 만들어진 상품가격의 차액이다. 자본가가 자본을 투자해 기업을 경영하는 이유는 이 차액 전체를 소유함으로써 부를 축적하기 위한 것이다.

이 차액을 이윤으로 부르든 아니면 자본 이득으로 부르든 간에 상관없이 자본가는 이윤을 얻기 위해서는 두 가지 경제활동, 곧 자신의 자본으로 공장에서 제품을 만들어 내는 생산과정과 새롭게 만들어진 제품을 시장에 내다 팖으로써 화폐로 표현되는 판매대금을 회수하는 유통과정에 관여해야 한다. 전자의 과정이 시장에 내다 팔 제품을 만들어 내는 자본 생산과정이라면 후자의 과정은 공장에서 생산된 상품을 시장에서 직접 판매하는 자본 유통과정으로 정의할 수 있다.

유통과정에서는 새로운 가치, 곧 이윤이 만들어질 수 없다. 왜냐하면 시장에서의 상품 교환은 동일한 가치 사이의 교환으로 정의되는 등가교환이기 때문이다. 그렇다면 새로운 가치는 생산과정에서 만들어져서 시장에서 화폐와의 교환을 통해 실현되는 것으로 정의할 수 있다. 결국 새로운 가치, 곧 잉여가치는 노동자들이 공장에서 제품을 만들어 내는 생산과정에서 만들어질 수밖에 없다는 결론에 도달한다.

이 점이 아주 중요한데, 그렇다면 노동을 통해 새로운 가치, 곧 잉여가치가 만들어졌다는 사실을 어떻게 알 수 있느냐 하는 것이다. 일단은 상품 판매 결과, 자본가가 최초에 투자한 액수에 비해 더 많은 돈이 들어왔다면 그 차액만큼 새로운 가치가 만들어졌음을 알 수 있다.

그런데 앞에서 언급했듯이, 그 차액을 확보하기 위해서는 그 것의 필수조건으로 상품생산이 전제되어야 한다는 것이다. 다시 말해서, 공장에서의 직접적 생산과정의 결과로 얻어진 상품 안에 자본가의 투자분에 해당하는 기존 가치에 더해서 자본 이득인 새로운 가치가 이미 포함되어 있어야 한다는 것이다. 따라서 새로운 가치가 더해졌다는 사실을 확인할 수 있는 유일한 길은 투자한 자본가치에 비해 얼마나 많은 양의 상품이 생산됐느냐 여부일 뿐, 그 외에 다른 방법은 없다.

이로부터 알 수 있는 사실은, 더 많은 이윤 취득이 자본가의 목표라 한다면, 그것에 이르는 유일한 길은 투하한 자본에 비해 더 많은 제품을 만들어 내는 데 달려 있다는 점이다. 여기서 우리는 상품의 가치란 그것의 생산에 들어간 노동시간으로 측정된다는 사실을 떠올릴 필요가 있다.

잉여가치가 투자한 자본의 가치에 비해 얼마나 많은 생산물을 만들어 내느냐에 달려 있다면, 그것을 실현할 수 있는 유일한 길은 결국 생산과정에서 얼마나 많은 노동을 확보할 수 있느냐에 달려 있다. 노동시간이 커져야 그만큼 많은 상품을 만들어 낼 수 있고, 또 그래야 상품의 가치 또한 증대한다는 것은 너무나 자명하기 때문이다.

우리는 가치 개념에 의거해서 노동자가 자신의 노동력을 판 대가로 받은 임금 역시 거기에 포함된 사회적 노동시간으로 환원할 수 있다. 곧, 임금으로 구매할 수 있는 생필품 가격을 평균하여, 그것의 생산에 들어간 노동시간을 더함으로써 임금에 포함된 평균 사회적 노동시간을 확인할 수 있다. 이처럼 노동자가 임금, 곧 자신의 재생산에 필요한 노동시간에 비해 더 많은 노동시간을 자본가에게 제공하고 있다는 사실을 확인할 수 있다면 바로 이것이 잉여가치의 존재를 증명할 수 있는 방식이다.

잉여가치야말로 마르크스 착취이론의 핵심 내용이다. 자본이 생산해 낸 제품에는 임금과 잉여가치가 모두 포함되어 있다. 이때 임금은 자본가가 노동력을 구매해 준 대가로 자본가에게 제공하는 '지불노동'이라면, 잉여가치는 생산과정에서 노동자가 자신이 받은 임금에서 비해 더 많은 가치를 창출함에도 자기 소유가 아닌 자본의 소유가 된다는 의미에서 지불되지 않은 노동, 곧 '부불노동'이라고 할 수 있다. 결국 지불노동과 부불노동은 총생산물 가치에 모두 포함되어 사회적 총노동시간의 구성 부분을 이룬다.

여기서 자본의 이익을 실현하기 위해서는 잉여가치 증대라는 절대적 필요성이 발생한다. 그러므로 잉여가치의 증대는 자본주의 생산의 사활이 걸린 문제다. 잉여가치는 사회적 노동시간 가운데 어떤 부분을 증가시킬 것인가에 따라 절대적 잉여가치와 상대적 잉여가치로 구분한다.

절대적 잉여가치는 문자 그대로 24시간이라는 노동의 자연적, 물리적 한계 내에서 노동시간을 절대적으로 연장함으로써 얻어지는 것이다. 달리 표현하면 지불노동, 곧 임금을 구성하는 생필품 제조에 투하된 필요노동시간에 비해 부불노동, 곧 임금을 초과하는 노동시간의 크기를 24시간이라는 물리적 한계의 극한까지 절대적으로 연장하는 게 바로 절대적 잉여가치 개념의 핵심 내용이다.

이에 비해 상대적 잉여가치는 법적 규제에 의해서 노동시간이 10시간이나 8시간이나 사회적으로 제한될 경우, 총노동시간에 포함된 지불노동과 부불노동의 상대적 크기, 곧 필요노동시간과 잉여노동시간 간의 상대적 비율을 변화시킴으로써 얻어지는 잉여가치에 해당한다. 이를테면, 지불노동시간에 해당하는 필요노동시간을 축소하면 그 비율만큼 부불노동에 해당하는 잉여노동시간의 크기는 커질 수밖에 없기 때문이다.

절대적 잉여가치건 상대적 잉여가치건 그것을 만들어 내는 방식은 달라도 임금을 초과하는 가치라는 의미를 지닌 잉여가치의 본질에 있어서만큼 동일하다. 이는 결국, 절대적이건 상대적이건 상관없이 임금에 포함된 지불노동, 곧 필요노동시간에 비해서 지불되지 않는 부불노동, 곧 잉여노동시간의 크기를 확대하고 이를 통해서 잉여가치 생산을 자본이 독점적으로 소유하기 위한 착취방식이라는 점에서만큼 공통점이 있다.

제6장
사회적 노동시간과 잉여가치 생산

노동시간의 물리적 연장을 통한 잉여가치 생산:

절대적 잉여가치

마르크스의 착취이론은 '공장'이라는 근대적 생산 공간에서 자본가들이 생산을 조직할 때 어떤 경제적 결과를 만들어 내는가에 관한 연구라고 할 수 있다.

노동력의 소비과정은 동시에 상품의 생산과정이기도 하며 또 잉여가치의 생산과정이기도 하다. 노동력의 소비는 다른 모든 상품의 소비와 마찬가지로 시장, 곧 유통영역 외부에서 행해진다.

그러면 우리도 화폐 소유자 및 노동력 소유자와 함께 시끄럽고 넓게 펼쳐져 있어서 누구의 눈에도 쉽게 띄는 유통영역에서 벗어나 이 두 사람에 대해서 가려져 있는 생산의 장, '관계자 외 출입금지'라는 팻말이 출입구에 붙어 있는 그 장소로 가 보도록 하자. 이곳에서는 자본이 어떻게 생산하는가뿐만 아니라, 자본 그 자체가 어떻게 생산되는가도 밝혀질 것이다. 화폐 증식의 비밀도 마침내 폭로되는 것이다(CW35:172).

마르크스는 근대적 착취에 대한 연구를 사회적 노동시간과 이를 통한 잉여가치 생산이란 측면과 연결시켜 고찰하고 있다. 여기서 잉여가치는 노동자에게 지불되는 임금의 가치를 초과하는 노동시간에 대한 자본의 전유, 즉 지불되지 않은 부불노동의 결과로 발생한다. 마르크스는 노동시간으로 측정되는 가치론의 전통을 따르면서도 이를 생산과정에 적용하여 자본의 이윤이 바로 노동자의 임금을 초과하는 잉여노동에 대한 착취에서 비롯되고 있음을 폭로한다.

마르크스의 잉여가치론은 자본주의적 생산과정에서 일상적으로 행해지고 있는 노동 착취현상을 사회적 필요노동시간으로 요약되는 가치론의 관점에서 과학적으로 규명했다는 데 커다란 의의가 있다. 왜냐하면, 현대 부르주아 경제학은 자본 이윤이 노동 착취에서 비롯되고 있다는 사실을 반박하고 있지 못할뿐더러 자본 이윤의 근거가 노동이 만들어 낸 잉여가치에 있다는 마르크스 경제학의 체계적 설명을 넘어서지 못하고 있기 때문이다.

먼저, 절대적 잉여가치 개념에 대해 살펴보자. 마르크스의 잉여가치론에 따라 하루 임금이 만 원이며 하루 10시간 일하는 노동자가 하루에 생산한 생산물 총액은, 상품 판매 후에 기계 및 원자재 가격을 제외한 것보다 많은, 예를 들어 2만 원이라고 하자. 이 경우, 노동자는 10시간의 노동시간 중에서 5시간은 자기의 임금을 위해 노동한 것이며 5시간은 자본 이윤의 원천인 잉여가치의 생산을 위해 노동한 것이 된다. 이때 잉여가치 대對 임금, 곧 가변자본의 비율은 100%(=10000/10000×100)이다. 이것이 마르크스가 착취율로 규정한 '잉여가치율'에 해당한다.

그런데 노동시간을 연장하여 기존 10시간에서 두 시간을 더한 12시간을 일한다면 노동자의 임금 만 원에 해당하는 필요노동시간은 5시간인 반면, 노동자가 창출한 총가치는 시간당 노동자가 산출한 가치가 천 원이므로 이에 비례해 2천 원이 더 늘어난 1만 2천 원이 될 것이다. 여기서 잉여가치는 7시간 일한 몫에 해당하는 1만 2천 원이다. 따라서 이 경우, 착취율은 120%(=12000/10000×100)로서 20% 증가한다. 마르크스는 이처럼 노동시간의 물리적 연장을 통해 만들어지는 잉여가치를 '절대적 잉여가치'라고 불렀다.

마르크스의 잉여가치론에서 중요한 점은 동일 시간, 동일 노동 사이의 교환이라는 가치법칙의 기본 정식에 위배되지 않음에도 착취가 가능할 수 있다는 사실이다. 위 사례에서 노동자가 받은 임금은 바로 노동자 자신의 노동력을 재생산하는 데 필요한 생활수단 구매비용의 가격이며, 이는 정확히 등가교환이다. 따라서 착취란 노동력 가치인 임금이 지불된 이후, 지불된 임금의 가격과 노동력의 소비로서 직접적 생산과정에서 만들어진 새로운 상품가치의 차이를 통해 발생한다.

여기서 유의해야 할 주요한 사실이 있다. 그것은 다름 아니라, 생산 전의 자본가치와 생산과정을 마친 후의 최종 완제품에 포함된 자본가치의 차이를 직접적 노동과정 내에서의 물리적 변화, 곧 노동시간의 추이를 통해서 감각적으로 확인할 수 없다는 점이다. 따라서 사회적 노동시간 10시간 가운데 노동자가 지불노동, 즉 필요노동시간에 해당하는 5시간만 일하면 자기 임금은 보전되지만 나머지 5시간분의 잉여가치는 발생하지 않을 것이라고 생각하는 것은 형이상학적 사고에 불과하다. 왜냐하면 화폐로 환산되는 가치증식과정은 동시에 노동자가 기계 등 생산도구를 활용해 원자재를 가공하는 직접적 노동과정이기도 하기 때문이다.

한마디로, 가치가 증식되는 자본의 생산과정은 시장에서 판매할 수 있는, 다른 말로 이를 구매한 소비자의 특정 욕구에 부응하는 사용가치를 지닌 물리적 형태의 상품 제조를 전제로 했을 때만 실제로 가능한 일이다.

1노동일이 6시간의 필요노동과 6시간의 잉여노동으로 이루어져 있다고 가정해 보자. 그렇다면 자유로운 노동자는 매주 6×6 즉 36시간의 잉여노동을 자본에게 제공하는 셈이다. 그것은 그가 1주일 중 3일은 자신을 위하여 노동하고 3일은 무상으로 자본가를 위하여 노동하는 것과 마찬가지이다. 그러나 이것은 눈에 보이지 않는다. 잉여노동과 필요노동은 융합되어 있다. 따라서 나는 동일한 비율로, 예를 들어 이 노동자가 매분마다 30초는 자신을 위하여 노동하고 30초는 자본가를 위하여 노동한다는 식으로도 표현할 수 있다. 부역노동에서는 사정이 다르다. 예를 들어 왈라키아의 농민이 자신을 유지하기 위하여 행하는 필요노동은 그가 지주인 보이야르를 위하여 행하는 잉여노동과는 공간적으로 분리되어 있다. 그는 한쪽, 즉 필요노동은 자기 소유의 경작지에서 행하고 다른 한쪽, 곧 잉여노동은 영주의 농장에서 행한다. 그러므로 노동시간의 두 부분은 자립적으로 나란히 존재하고 있다. 부역의 형태에서는 잉여노동이 필요노동과 명확히 구분된다 (CW35:227).

가치가 노동생산물을 통해 보전되는 방식은 결국 총노동시간을 통해서만 형성된다. 따라서 새롭게 만들어진 가치를 확인할 수 있는 유일한 방법은 사회적 노동시간이 체현된 직접적 생산과정의 결과로서의 노동생산물, 곧 완성된 상품 판매를 통해서만 가능하다. 달리 표현하면, 직접적 생산과정의 결과로 만들어진 노동생산물인 상품의 가치크기의 비교를 통해서만 필요노동시간과 잉여노동시간이 생산과정에서 배분된 비율을 확인할 수 있지 그 역은 성립할 수 없다.

마르크스가 위에서 말한 대로 10시간의 사회적 필요노동 가운데 분당 30초는 필요노동이, 30초는 잉여가치를 위한 노동이 행해진다면, 결국 이러한 형태의 노동이 하루에 600번 반복되는 것으로 규정할 수 있다. 그리고 이런 한에서 필요노동과 잉여노동은 노동생산물 내에서 하나로 융합된다.

이 사실은 생산기간이 짧은 노동생산물, 예를 들어 한 시간에 10개가 만들어지는 곰 인형과 공기工期가 긴 생산물, 예컨대 생산기간이 한 달인 선박의 경우를 비교해 보면 명확하게 알 수 있다.

한 시간에 10개 만들어지는 곰 인형의 경우, 10시간에는 100개를 생산할 수 있다. 그렇다면 이 가운데 50개에는 필요노동시간의 가치만 포함되어 있고 나머지 50개는 잉여가치만 포함된 생산물이라고 할 수 있을까?

그렇지 않다. 100개의 개별 생산물 각각에 잉여노동과 필요노동 모두를 포함한 10시간 노동의 총가치가 나뉘어 분포되어 있다고 말하는 측면이 타당하다. 왜냐하면 생산과정상에 있어서 가치 창출과정은 동시에 그 소재적, 감성적 측면에서 직접적 노동과정과 한데 뒤엉켜 융합되어 있기 때문이다.

가치증식과정은 그 현실에 있어서 노동력을 소비하는 직접적 노동과정으로 현상한다. 이러한 직접적 노동과정은 필요노동과 잉여노동이라는 별개의 가치 창출형태로, 시공간적 분리가 불가능하다. 노동자는 직접적 노동과정을 통해 자신의 임금보전을 위한 필요노동시간의 가치와 잉여노동시간의 가치를 창출하는 노동을 '동시同時'에 행할 수밖에 없다. 이러한 사정은 생산기간이 한 달여인 선박 제조의 사례를 들어 보면 더욱 분명해진다.

한 달이 공기인 선박의 경우, 위와 같은 조건에서 보름은 노동력의 가치를 실현하고 보름은 잉여가치를 실현하는 것이라할 때, 노동자가 보름만 일하고 작업을 중단한다고 가정해 보자. 이럴 경우 선박은 절반만 만들어질 것이다. 전체 크기에서절반만 완성된 선박은 선박의 사용가치를 상실한 무용지물無用之物에 다름 아니다.

물에 뜰 수 없는, 곧 사용가치가 없는 선박은 시장에 내다 팔수 없다. 그 경우 선박의 가치 또한 실현될 수 없다. 따라서 가치 증식이란 전체 노동과정이 완결되는 것, 이 경우 한 달의 공기가 지나서 선박이 사용가치를 지닌 완성된 선박의 형태, 곧 선박 구매자가 원하는 배의 기능을 갖출 것을 전제로 한다.

정리하면, 직접적 생산과정을 통해 가치가 창출되는 방식은 지불노동시간과 잉여노동시간이 한데 융합되는 식으로 유기성을 띤다. 같은 이유로 자본주의적 생산과정이란 직접적 노동과정임과 동시에 추상적 노동을 통한 가치증식과정이라는 사실, 다시 말해서 우리가 자본의 착취를 확인할 수 있는 방법은 직접적 생산물이 실현된 가치크기, 즉 '산노동'과 생산 전의 가치크기인 '죽은 노동'과의 비교를 통해서만 실제로 가능하다.

우리가 앞에서 보았듯이 실의 가치는 실을 생산하는 가운데 생겨난 새로운 가치와 실의 생산수단 속에 이전부터 존재하고 있던 가치의 합계와 같다. 이제 기능적으로 또는 개념적으로 서로 다른 생산물 가치 속의 성분들은 생산물 그 자체의 여러 비율적인 부분들로 표시될 수 있다는 것이 밝혀졌다(CW35:214).

임금으로 지불되는 노동에 해당하는 필요노동시간과 지불되지 않고 자본의 소유로 전환되는 잉여노동시간의 비례식으로 착취의 문제를 설정한 것은 노동자들이 생존을 위해 노동하는 시간이 사실은 자본 이윤의 원천인 잉여가치를 만들어 내는 시간에 종속된 것임을 설명하기 위한 것이었다. 한마디로, 공장에서의 노동의 시간은 곧 자본의 시간이다. 자본주의적 생산과정에서 임금에 해당하는 필요노동은 잉여노동에 의해서 규정되는 것이지 그 역은 가능하지 않다.

자본은 필요노동을 넘어서 잉여노동까지 노동자들에게 강요한다. 이러한 방법으로만 자본은 자신을 실현할 수 있고 잉여가치를 창조할 수 있다. 그러나 다른 한편, 자본은 자신이 잉여노동이고 잉여노동을 잉여가치로 실현하는 한에서만, 그리고 그 정도에서만 필요노동을 설정한다. 그러므로 자본은 잉여노동을 필요노동의 조건으로서, 잉여가치를 대상화된 노동, 가치 일반의 한계로서 설정한다(CW28:349-350).

노동시간을 필요노동시간과 잉여노동시간으로 분리하는 계산법은 직접적 생산자인 노동자의 관점이 아닌 자본의 입장에서만 현실적일 수 있다. 왜냐하면 노동자들은 작업장에서의 자신의 노동을 가치를 창출하는 노동이 아니라 새로운 생산물, 곧 사용가치를 만들어 내는 직접적 노동과정으로 이해하기 때문이다. 그러므로 상품 판매를 통해 화폐로 환산되고 자본의 이윤으로 전환될 새로운 가치를 생산을 통해서 만들어 내는 가치증식과정은 자본의 권리실현이라 할 수 있는 경제적 착취와 동일하다.

자본가는 노동력을 그 하루 가치대로 샀다. 1노동일 중의 노동력의 사용가치는 자본가의 것이다. 이리하여 그는 하루 동안 자기를 위하여 노동자에게 일 시킬 권리를 얻은 것이다. 그러나 1노동일이란 무엇인가? 어쨌든 자연의 1생활일보다는 짧다. 얼마나 짧은가? 자본가는 이러한 극한, 곧 노동력의 필연적 한계에 관해 대단히 독특한 견해를 갖고 있다. 자본가인 그는 오로지 인격화된 자본일 뿐이다. 그의 영혼은 자본의 영혼이다. 그런데 자본은 단 하나의 생명충동, 곧 자신을 가치 증식하고 잉여가치를 창조하며 될 수 있는 대로 많은 양의 잉여노동을 자신의 불변 부분인 생산수단으로 흡수하려는 충동만을 갖고 있다. 자본은 이미 죽은 노동으로서, 이 노동은 오직 흡혈귀처럼 살아 있는 노동을 흡수함으로써만 활기를 띠며, 그리고 그것을 흡수하면 할수록 점점 더 활기를 띠어 간다. 노동자가 노동하는 시간은 자본가가 자신이 구매한 노동력을 소비하는 시간이다. 만일 노동자가 자신이 처분할 수 있는 시간을 자기 자신을 위해 소비한다면 그는 자본가의 것을 훔치는 것이 된다(CW35:223-224).

물론, 필요노동시간이 임금에 해당하기 때문에 필요노동시간 부분이 늘어나면 노동자에게도 이득이 되지 않겠는가, 따라서 노동일 내에서 필요노동시간을 증가시키려는 노력은 임금노동자의 관점에서 중요하다고 주장할 수 있을지도 모른다. 그러나 이러한 접근법은 현실에서는 전혀 가능하지 않다. 왜냐하면 임금이란 노동자의 재생산비용, 즉 노동력의 가치이지 노동의 가치는 아니기 때문이다.

게다가 노동자들이 노동조합으로 단결해서 자신의 노동력 가격인 임금을 방어하기 위해서 적극적으로 투쟁하지 않는 한, 노동력 또한 자본주의 사회에서는 시장에서 가격이 결정되는 상품에 불과하다. 이 경우, 노동력 재생산비용인 임금은 시장에서 등락하는 수요와 공급을 통해 노동자가 공장에 들어가기도 전에 이미 결정난다 해도 과언이 아니다. 같은 이유에서 마르크스는 잉여가치를 분석할 때, 가변자본에 해당하는 노동력 재생산비용인 임금을 고정된 크기로 취급했던 것이다.

'절대적 잉여가치'에 대한 설명에서 사회적 노동시간에 대한 자본의 시선은 노동자를 오직 생산의 주체, 노동에 특화된 존재라는 관점에서 대하는 것이다. 이 얘기는 다른 식으로 말하면, 자본은 노동자를 노동하는 기계, 노동이라는 활동의 육체적 화신, 곧 "비용이 덜 드는 생산수단들에 의해 대체되어야 할 생산수단"(CW6:461)으로 간주한다는 의미다. 그렇기 때문에 노동자에게 지급되는 임금 역시 자본이 투자한 생산비용의 일부로 취급한다.

자본은 임금에 해당하는 필요노동시간이 고정될 경우, 잉여노동시간을 절대적으로 연장하는 데 공통의 이해를 갖는다. 이는 사회적 노동시간의 측면에서 보았을 때 24시간이라는 물리적, 자연적 한계 내에서 총노동시간을 절대적으로 연장하는 형태를 띤다.

노동시간을 단순히 절대적으로 연장함으로써 발생하는 잉여가치의 확대를 마르크스는 착취의 '외연적 증대'로 규정했다.

따라서 자본은 노동자의 노동력 재생산에 필수적인, 얼마 되지 않는 휴식시간마저도 비생산적인 낭비로 간주하고 불만을 갖는다.

자본주의적 노동과정 내에서는 노동력의 정상적인 유지가 노동일의 한계를 결정하지 않는다. 이와 반대로 하루에 가능한 최대한의 노동력 지출이 노동자의 휴식시간을 결정한다. 비록 그것이 아무리 건강에 해롭고 무리이며 고통스럽다 할지라도 자본은 노동자의 수명을 문제 삼지 않는다. 자본이 관심을 갖는 것은 오로지 1노동일에 유동화할 수 있는 노동력의 최대한뿐이다. 자본이 노동자의 수명을 단축시켜서라도 이 목표에 도달하려는 것은 마치 탐욕스러운 농부가 토지의 비옥함을 수탈함으로써 수확 증대에 성공하려는 것과 같다(CW35:252-253).

필요노동과 잉여노동의 비율 변화를 통한 잉여가치 생산: 상대적 잉여가치

역사적으로 노동자의 사회적 노동시간이 고정되어 상대적

잉여가치가 주된 착취양식으로 자리 잡으면 사태는 지금까지와는 전혀 다른 양상을 띠게 된다. 상대적 잉여가치 생산만큼 자본이 인간을 노동하는 존재로 고정시켜 판단한다는 것, 다시 말해서 생산과정이 오직 가치증식과정과 결부될 때만 의미 있는 것으로 간주한다는 사실을 극명하게 보여 주는 사례도 없다.

다양한 역사적 원인들로 인해 사회적으로 노동시간이 고정되기에 이르면 자본은 이제 노동과정 외부에 대해서는 직접적인 이해를 갖지 않는다. 왜냐하면 12시간제, 8시간제 노동 등 노동시간의 사회적 고정이라는 사태가 이미 자본운동의 한계로 작용하기 때문이다. 따라서 자본의 잉여가치 창출방식은 노동일 내부로 집중된다. 그것은 필요노동과 잉여노동의 비율을 변경하는 방식으로 구체화된다.

예컨대, 사회적 노동시간이 10시간으로 고정될 경우 5시간으로 설정된 필요노동시간을 그 이하로, 가령 4시간으로 줄이면 잉여노동시간은 6시간으로 연장될 수 있다. 이럴 때 필요노동에 대한 잉여노동의 비율, 곧 잉여가치율은 기존의 100%(=5/5×100)에서 150%(=6/4×100)로 50%나 상승한다. 이것은 결국 자본의 입장에서는 절대적 잉여가치가 만들어지는 것과 동일한 경제적 효과를 낳는다.

마르크스는 이처럼 노동일 내에서의 비율 변동을 통한 잉여가치 생산방법을 '상대적 잉여가치'라고 규정하면서, 이를 착취의 '내포적 증대'로 불렀다.

노동생산력을 고양시킴으로써 노동력의 가치를 하락시키고 그리하여 이 노동력의 재생산에 필요한 노동일 부분을 단축시키기 위해서 자본은 노동과정의 온갖 기술적·사회적 조건들, 따라서 생산양식 자체를 변혁시켜야 한다. … 필요노동시간의 단축과 그에 상응하는 노동일의 두 구성요소 사이의 크기 비율의 변화로부터 생겨나는 잉여가치를 나는 상대적 잉여가치라고 부를 것이다(CW35:298-299).

착취의 내포적 증대, 곧 상대적 잉여가치는 노동일 내에서 잉여가치의 크기를 절대적으로 증가시키기 때문에 결과적으로는 절대적 잉여가치, 즉 착취의 외연적 증대와 동일한 효과를 가져온다고 할 수 있다. 그럼에도 불구하고 그것이 지닌 사회경제적, 정치적 의미에 대해서는 다양한 시각에서 조망할 필요가 있다. 잉여가치의 내포적 증대, 즉 상대적 잉여가치 개념을 통해서 마르크스의 착취이론과 노동이론은 유기적으로 결합한다.

우리는 상대적 잉여가치가 노동일 내에서의 비율 변동을 통해 발생하며 이러한 방식으로 사회적 노동시간을 설정하는 관점은 오직 자본의 관점에서만 가능한 일임을 증명했다. 그런데 여기서 이론적으로 문제 되는 것은 노동시간 안에서 지불노동, 곧 임금에 해당하는 필요노동시간이 잉여노동시간에 비해서 상대적으로 축소되는 방식이다.

필요노동시간이 임금을 나타내는 지불노동이라면 필요노동시간의 상대적 축소는 형식·논리적으로는 임금의 급격한 하락을 가져와야 정상이다. 만일 필요노동시간의 축소가 임금 축소와 단순 비례한다면, 이러한 사태는 현실적으로 착취의 소재인 임금노동자의 재생산에도 심각한 위협으로 작용할 것이다. 하지만 장기적 관점에서 노동력 재생산의 위기는 자본의 잉여가치 생산에도 위기를 초래할 게 분명하다. 왜냐하면, 임금노동 없이는 자본주의적 생산도 잉여가치 생산도 불가능한 일이기 때문이다.

마르크스가『자본론』에서 자본주의 발전의 대표적 사례로 간주한 영국의 경우, 19세기 초반에 기계 도입으로 인한 장시간 노동과 저임금체계, 그리고 이와 결합된 열악한 작업환경과 주거환경으로 인한 육체적 영양결핍이 급기야 노동자 계급 전체의 단순한 재생산마저 위기에 빠뜨리는 사태를 초래했다. 이러한 사정은 잉여가치 생산은 물론, 자본축적에도 심각한 위협으로 작용했다.

노동력의 가치는 노동자의 재생산 또는 노동자 계급의 자기 재생산에 필요한 여러 상품의 가치를 포함하고 있다. 그러므로 자본이 무제한적 자기 증식 욕구에 의해 필연적으로 추구하는 노동일의 반자연적 연장이 노동자 하나하나의 생존기간을 단축시키고 따라서 그들의 노동력의 내구기간을 단축시킨다면, 소모된 노동력의 보다 급속한 보전이 필요하게 되고 따라서 노동력의 재생산에는 보다 많은 소모비가 들어가게 되는데 그것은 마치 기계의 소모가 빠르면 빠를수록 매일 재생산되어야 할 가치 부분이 보다 크게 되는 것과 마찬가지이다. 바로 그 때문에 자본은 그 자신의 이해관계에서 표준노동일을 설정할 필요성을 지시받고 있는 것

같이 보인다(CW35:253).

자본주의적 생산의 일차적 목적인 가치 증식의 위기를 방지하기 위해서 자본은 결국 필요노동시간이 잉여노동시간에 비해서 상대적으로 축소됨에도 불구하고 노동력 재생산비용인 임금의 크기는 삭감되지 않는 형태로 자본축적을 진행할 수밖에 없다. 이러한 모순된 요구를 실현시키기 위한 자본의 거의 유일한 방법은 바로, 실질적으로 임금의 대부분을 구성하는, 따라서 노동력 재생산을 위해 필수적으로 요구되는 생필품 가격을 인하하는 것이다.

그렇다면 생필품의 가격 하락은 어떻게 실현할 수 있는가? 생필품을 대량으로 생산하는 것만이 유일한 해법이다. 여기서 우리는 대량생산과 대량소비의 결합, 임금과 이윤을 동시에 증가시키는 포디즘적 축적체계의 등장은 결국 상대적 잉여가치를 증대시키려는 자본주의적 생산의 내적 요구의 산물임을 이해할 수 있다.

차라리 자본은 기계를 오직 노동자가 자본을 위해 그의 시간 대

부분을 일하도록 하고, 그의 시간 대부분을 그에게 속하지 않는 것으로 관계 지으며, 타인을 위해 더 오래 일하는 것을 가능하게 하는 한에서 기계를 운용한다. 이러한 과정을 통해 하나의 주어진 대상을 만드는 데 필요한 노동의 양은 최소로 줄게 되지만, 이는 오직 그것의 최대한의 수량 내에서 최대의 노동을 실현하기 위한 것이다(CW29:87).

이는 과거와 동일한 크기의 임금으로 구매할 수 있는 생필품 목록이 증가해야만 실현 가능하다. 이를 뒤집어 말하면, 생필품 가격이 그만큼 하락해야 한다는 것과 같은 이야기이다. 결국, 상대적 잉여가치 생산을 향한 자본의 요구는 대부분 생필품에 해당하는 내구소비재의 대량생산을 자극하는 추진력으로 작용한다.

생필품 가격 하락을 위한 대량생산 요구는 소비재 생산 부문에 한정되지 않는다. 내구소비재의 대량생산 요구는 급기야 노동생산력 일반의 급격한 발전, 곧 생필품을 생산하는, 가령 방직기계와 같은 생산수단 자체의 자동화와 아울러 방직기계를 만들어 내는 생산수단 생산 부문, 곧 공작기계 역시 자동화하는 경제적 동인으로 작용한다.

노동수단의 기계장치로의 전환, 이 기계장치의 단순한 부속물을
통해 산노동의 기계장치의 활동수단으로의 단순한 전환은 또한
자신의 물질적 성격에 따라 노동과정을 자본의 가치증식과정의
단순한 한 계기로 설정한다. 노동생산력의 증대와 필요노동의
가능한 한 최대한의 부정은 우리가 살펴보았듯이 자본의 필연적
경향이다. 노동수단의 기계장치로의 전환은 이런 경향의 실현이
다(CW29:83).

자본주의 생산양식에서 기계화와 이를 뛰어넘는 자동화로
상징되는 노동생산력의 급격한 발전은 일차적으로는 상대적
잉여가치 생산을 목표로, 생산비용을 절감하기 위한 노력의 일
환으로 시도된 것이다. 생산비용을 절감하려면 생산 및 공장
자동화를 통해 노동비용에 해당하는 인건비를 그만큼 감축할
수 있어야 하기 때문이다. 그게 또한 자본에게는 가격 경쟁력
을 높이기 위한 필수적 전제조건이다.

제7장
자본의 유기적 구성의 고도화

　마르크스가 자본주의 체제에 대한 연구를 할 당시, 기계제 생산을 사회적 수준에서 도입한 나라는 영국뿐이었다. 물론 영국의 경우에도 모든 산업이 기계제 생산의 원리 아래 일사불란하게 움직여 나갔던 것은 아니다. 소비재 생산 부문인 면사, 방직 공장 등에서는 비약적인 기술발전의 결과, 기계에 의한 생산이 상당 부분 이루어졌다. 이와 달리, 이들 공장의 작업기계를 제작하는 공작기계 생산은 여전히 고임금, 고숙련 노동자들의 손 노동에 의존했다.

　그럼에도 불구하고 마르크스는 산업혁명의 역사적 의의를 기계제작도구인 공작기계가 만들어진 사실에서 발견했다. 마르크스에 따르면 "공작기계야말로 18세기 산업혁명의 출발점"(CW35:353)이며, 공작기계의 발명을 통해 "비로소 대공업은 그 자체에 적합한 기술적 기초를 만들어 자신의 발로 서게 되었다"(CW35:363)고 규정했다. 공작기계에 의한 기계제 생산의 보편화 경향은 얼마 지나지 않아 기계 및 공장 자동화로의 일보를 내딛게 한다. 마르크스는 생산수단의 자동화가 함의하고 있는 경제학적 원리에 대해 당대 기술발전의 한계를 뛰어넘어 대단히 뛰어난 이론적 통찰력을 보여 주었다.

기계제작도구인 공작기계가 지닌 기술사적 의의는 인간의 천혜의 노동수단인 손 그 자체의 기예art와 숙련skill을 정밀한 역학적 원리에 따라 작동하는 기계의 성능으로 그대로 옮겨 놓았다는 점에 있다. 따라서 정밀도와 정확성, 그리고 무엇보다 생산성에 있어서 인간의 손노동은 공작기계의 그것과 비교가 되지 않는다.

특히, 생산수단 자동화 경향의 연장선에 놓여 있는 과학기술혁명의 결과, 단순히 손의 기능을 노동도구의 정밀 동작으로 대체한 기계제 공작기계의 수준을 넘어선다. 작업과정을 계측, 통제하는 인간의 지적, 감각적 기관의 기능마저 전산화해서 공정 전체를 자동 처리할 수 있는 컴퓨터 수치제어Computer Numerical Control: CNC기계가 등장한 것이다.

생산의 자동화나 기계생산 자체의 자동화 경향이 내포하고 있는 사회경제적 함의는 최근 유행하고 있는 4차 혁명 시대니 인공지능AI 시대의 도래니 하는 주장과 상관없이 노동의 성격 그 자체가 급격히 변화한다는 데 있다. 자동화기계의 출현으로 생산과정에서의 노동자의 역할은 과거처럼 자신의 육체노동으로 노동생산물을 직접 만드는 게 아니라 기계를 관리하고 작동하는 역할을 주로 부여받는다(Shaiken, 1984).

컴퓨터 수치제어기계의 등장, 사무 자동화, 로봇의 작업장 투입, 인공지능의 발전 등 혁신적이고도 눈부신 기술발전적 요소가 노동강도를 약화시켜 궁극적으로 노동의 고역으로부터 노동자들을 해방시킬 것이라는 기술사회학의 장밋빛 전망은 노동이 실제로 이루어지고 있는 작업장 현실을 도외시한 사이비 미래학에 지나지 않는다.

실제 현실은 그와는 정반대이다. 자본주의 사회에서 생산 자동화과정은 노동가치론과 무관하게, 독자적으로 발전하는 게 아니다. 오직 잉여가치 생산과 자본축적에 도움을 주는 한에서만 도입될 수 있다. 게다가 작업장을 24시간 감시하고 노동자의 정신과 신체를 완벽히 통제할 수 있는 기술적 기초를 제공한다.

자본주의적 생산의 목적은 잉여가치, 곧 가치 증식이며 그것의 경제학적 표현인 이윤 증대에 놓여 있다. 가치 증식을 목적으로 하는 근대 부르주아 생산양식 내에서 과학기술혁명의 발전 양상은 노동과정에서의 인간의 반항을 무력화할 수 있는 기술적 유인을 제공한다. 무엇보다도 자본에게 불면의 밤을 지새우게 한 숙련공들의 태업을 그 근저에서 제거할 수 있게 해준다.

기계제 생산 초기만 해도 작업장에 이루어지는 직접적 노동과정은 숙련공들이 통제했다. 하지만 생산 자동화 추세가 거역할 수 없는 결과로 굳어지면서 작업장에서도 자본의 노동 통제가 실현되기에 이른다. 이제 잉여가치 생산에 더 이상의 직접적인 방해물은 존재하지 않는다.

장기간의 반복적 노동을 통해 습득할 수 있는 인간의 기예와 숙련 요인을 기계라는 대상적 노동수단에 이전함으로써 생산요소로서의 인간의 직접적 노동력은 점차 노동과정의 주체에서 객체로 비켜나게 된다. 이에 비례해서 정밀한 기계체계가 노동과정의 핵심으로 자리 잡아 나가게 되는 과학기술혁명의 일반적 발전 경향은 궁극적으로 모든 작업과정과 노동수단 자체를 완전히 자동화하고자 하는 자본의 욕구를 불러일으킨다. 마르크스는 노동과정에서 생산 자동화가 지닌 의미에 대해 다음과 같이 분석한다.

> 자본의 완숙한 발전은 오직 노동수단이 고정자본의 경제적 형태를 취할 뿐 아니라 그 직접적 형태를 중지할 때, 그리고 고정자본이 생산과정 내에서 노동과 반대편에서 기계로 나타날 때 발생한다. 전체 생산과정은 노동자의 직접적인 숙련 아래 포섭되는 것이 아니라 과학의 기술적 적용으로 나타난다. 자본의 그러한 경향은 생산에 과학적 성격을 부여하는 것이며, 이때 직접적 노동은 이러한 과정의 단순한 계기로 축소된다(CW29:85).

자본주의 사회에서 자동화 생산체계가 도입되는 전 과정은 과학 및 기술 발전 경향의 자연사적, 진화적 결과가 결코 아니다. 자본이 기계를 생산과정에 도입하려는 이유는, 앞에서 설명한 대로, 한편으로는 노동시간 내에서 지불노동, 곧 필요노동시간과 부불노동에 해당하는 잉여노동시간의 비율을 변화시켜 상대적 잉여가치를 전유하려는 것이다. 그리고 다른 한편으로는, 자본 간에 사활을 건 경쟁에서 승리하기 위한 것이다. 이 두 가지 요인 모두 잉여가치를 확보하려는 노력의 일환이지만, 그것이 전개되는 양상은 성격을 사뭇 달리한다.

개별 자본이 기계 및 자동화된 생산체제를 도입하려는 이유는 상대적 잉여가치를 확보하기 위한 노력의 일환이다. 그런데 이러한 노력은 자본 구성에 이중적으로 영향을 미친다. 앞에서 말한 대로, 자본은 양적으로 측정 가능한 화폐와 상품, 곧 가치로 구성되어 있다. 화폐로 현상하는 자본의 가치는 생산을 시작하기 전에 임금에 지급하는 노동비용과 기계 등 구매에 들어가는 고정비용으로 구성된다. 마르크스는 이를 '자본의 가치 구성'으로 불렀다.

하지만 공장에서 생산이 시작되면 이러한 가치 구성은 노동자가 기계 및 원자재를 이용하여 새로운 생산물을 만들어 내는 노동과정과 결합해야 한다. 마르크스는 이를 자본의 소재적 구성으로 정의한다. 생산과정은 이처럼 한편에서는 새로운 가치를 만들어 내는 가치증식과정임과 동시에 그것이 직접적 노동 생산물의 형태를 띠어야 한다는 측면에선 직접적 노동과정이 기도 하다. 요컨대, 자본의 생산과정은 가치증식과정과 노동과 정의 통일적 형태이다.

자본주의적 생산과정의 산물은 바로 상품이다. 그런데 상품 이 시장에서 판매되기 위해서는 특정한 사용가치를 지녀야 한 다. 다시 말해서, 상품이 판매되기 위해서는 구매자의 특정한 욕구를 충족시키는 유용성, 곧 사용가치가 있어야 하며 그럴 때만 상품에 포함된 가치를 실현할 수 있다. 우리는 앞에서 상 품이 인간의 노동이 대상화된 가치를 지니며 이것은 그것의 생 산에 포함된 사회적 필요노동시간으로 측정된다고 정의했다. 또한 이 상품은 특정한 사용가치를 지녀야만 실제로 판매될 수 있다. 상품이 이처럼 가치와 사용가치의 통일체이듯이 자본주 의적 생산과정 역시 새로운 가치를 만들어 내는 가치증식과정 과 인간에서 유용한 사용가치를 만들어 내는 노동과정의 통일 체인 것이다.

경험을 통해서도 알 수 있듯이, 생산이 공장에서 실제 이뤄지 기 위해서는 자본은 화폐로 측정되는 가치 구성의 측면과 그것으로 구매한 노동자, 기계, 원자재 등 소재 구성의 측면을 함께 지녀야 한다. 여기서 중요한 것은 자본의 목적은 사용가치가 아니라 잉여가치의 증대, 곧 가치 증식에 놓여 있다는 점이다. 자본이 그것의 소재적 측면, 곧 자본의 사용가치가 아니라 잉여가치의 확보라는 가치 증식에 상품생산의 목적을 두기 때문에 자본은 잉여가치 증식과 이윤 증대를 목표로 자본의 기술적 구성 역시 변화시키려 할 것이다.

자본이 더 많은 잉여가치를 확보하는 길은 상대적 잉여가치를 늘리는 것이다. 그런데 상대적 잉여가치를 더욱 많이 확보하려면 결국 자본의 기술적 구성을 변화시켜야 한다. 다시 말해서, 기존에 노동자 한 명당 생산하는 상품의 양을 증가시켜야 한다. 결국 기계 도입 등 생산공정의 자동화를 통한 노동생산성 향상에 그 답이 있다.

하지만 여기에는 중요한 하나의 전제가 수반된다. 그것은 바로 새로운 기계의 도입이나 생산 자동화가 기존 생산방식에 비해 경제적이어야 한다는 것이다. 다른 말로, 기존 생산방식에 비해 돈이 적게 들어야 한다. 이윤 증대를 목표로 하는 자본가는 가변자본, 곧 임금 비율을 확대하는 게 생산 자동화 등 새로운 생산방식을 도입하는 것에 비해 비용이 적게 든다면 종래의 생산방식을 지속할 게 분명하다.

자본가가 새로운 생산방식을 도입하는 계기란 새로운 생산방식의 도입이 생산비용을 감축할 때일 뿐이다. 곧 임금에 해당하는 가변자본과 기계, 원자재 구매에 들어가는 불변 내지 고정자본의 비율 변화로 요약되는 자본의 가치 구성을 변화시킬 때만 전적으로 가능하다.

이럴 경우, 그는 이전과 동일한 비용으로 보다 큰 가치크기를 지닌 상품을 생산할 수 있으며, 그만큼 더 많은 이윤을 확보할 수 있게 될 것이다. 결국, 이것은 임금에 해당하는 가변자본과 기계 등 불변자본에 투하되는 자본 사이의 비율을 변화시키는 계기로 작용한다. 그런데 자본의 가치 구성이 이렇게 변화되기 위해서는 과학기술적 혁신이 발생해서 자본의 기술적 구성에 해당하는 기계와 노동자 사이의 비율을 변화시킬 때만 오직 가능하다.

마르크스는 자본의 가치 구성과 그것의 기술적 구성이 상호 영향을 주고받으며 결합하는 양상을 자본의 유기적 구성이라는 개념을 통해 표현했다. 그리고 앞에서 설명한 것처럼 산업혁명이나 과학기술혁명의 사회적 확산에 따른 기술혁신의 결과, 자본의 기술적 구성이 자본의 가치 구성에 지속적으로 영향을 미치며 가변자본과 불변자본의 비율을 변화시키는 계기로 작용할 경우, 그러한 현상을 자본의 유기적 구성의 고도화라는 개념을 통해 나타냈다(CW35:574).

마르크스의 『자본론』에서 자본의 유기적 구성의 고도화 개념이 지닌 이론적 함의는 대단히 중요하다. 앞에서 본 대로 이 개념에 도달하기 위해서는 아주 많은, 그리고 풍부한 이론적 전제가 필요함을 알 수 있다. 자본의 유기적 구성의 고도화 개념을 이해하지 못하면 『자본론』을 제대로 이해했다고 할 수 없을 정도로 이 개념 하나에 '자본주의 사회의 발전 경향과 내적 모순'이 함축되어 있다.

마르크스가 자본의 유기적 구성의 고도화라는 표현을 쓴 것은 『자본론』의 기본 주제인 가치와 사용가치의 모순, 사회적 생산력과 생산관계의 모순이라는 자본주의 사회의 모순적 발전 양상을 나타내기 위해서였다. 다시 말해서, 자본주의 사회가 주기적으로 경제적 위기를 표출하는 것은 그 어떤 외부 충격이나 외생 변수의 결과가 아니며 자본주의 자체의 내적 발전에 따른 구조적 결과임을 드러내기 위한 것이다. 요컨대, 자본의 유기적 구성의 고도화라는 개념 하나에 자본주의 사회 내부의 모순적 발전 양상이 응축해서 표현되어 있다.

마르크스는 자본의 유기적 구성이 고도화함에 따라 어떤 모습이 표출되는가를 노동자와 생산수단의 관계로 요약할 수 있는 사용가치, 곧 자본의 기술적 구성 측면과 자본의 가치 구성 측면에서 상세히 분석한다. 자본의 유기적 구성의 고도화는 사용가치, 즉 소재 구성의 측면에선 경이적인 사회적 생산력 발전의 양상으로 나타나며, 가치 구성의 측면에선 이윤율의 경향적 저하법칙으로 나타난다. 이 두 가지 양상 모두 그 본질에 있어서는 『자본론』 전체의 근간을 형성하는 가치와 사용가치의 모순에서 비롯되고 있다.

사회적 생산력 발전과 보편노동자의 출현

자본의 유기적 구성이 고도화되는 이유는 바로 상대적 잉여가치를 확보하기 위한 것임을 알 수 있다. 그렇다면 상대적 잉여가치의 전유와 이를 통한 자본의 유기적 구성의 고도화가 시사하는 경제적 함의는 무엇인가?

자본 간 경쟁에 일단 그 설명의 기초가 있다. 자본주의 사회는 복수의 사적 자본이 무자비한 경쟁을 통해 사회적 노동을 실현하는 체제라고 할 수 있다. 따라서 경쟁에서 패배한 자본은 파산할 수밖에 없다. 이는 곧 그 자본이 생산한 상품이 시장에서 퇴출당한다는 것을 의미한다.

자본 간 경쟁은 상대적 잉여가치의 확보를 통해 이윤을 증대하려는 노력으로 귀결된다. 그런데 이윤 증대를 위해서 상대적 잉여가치를 확보하려는 자본의 노력은 자본의 유기적 구성의 고도화로 귀결된다. 자본의 유기적 구성의 고도화는 자본주의 사회 전체에 두 가지 중대한 흔적을 남길 뿐만 아니라, 이를 통해 자본주의 사회 전체를 내부로부터 전환시키는 결정적 동력으로 작용한다.

마르크스는 자본의 유기적 구성의 고도화가 자본주의에 어떻게 영향을 미치는가를 유기적 구성의 소재적, 기술적 측면인 사용가치, 곧 노동과정과 가치 구성적 측면인 이윤율의 변화라는 두 가지 부분으로 나누어 분석한다. 먼저 자본의 유기적 구성의 고도화가 사용가치, 곧 노동과정에 미치는 영향에 대해 살펴보자.

노동시간이 사회적으로 확정되어 있지 않을 경우, 자본의 경쟁력은 24시간이라는 자연적, 물리적 한계 내에서 사회적 노동시간의 절대적 연장에 기반한다. 우리는 이러한 방식의 잉여가치 생산을 절대적 잉여가치로 불렀다. 그러나 노동시간의 무제한적 연장은 자본 증식의 필수조건인 노동자의 재생산을 위기에 빠뜨려 자본축적 자체에도 위협 요인으로 작용한다.

이에 더해서 한 사회 내에서 자본주의적 생산이 일정 궤도에 오를 경우, 노동시간을 법적으로 규제하려는 움직임은 노동운동의 가장 중요한 정치적 요구로 제기될 수밖에 없다. 하루 노동시간이 법적 규제를 통해 고정될 경우, 자본은 주어진 노동시간 내에서 필요노동시간을 단축시킴으로써 잉여노동시간의 상대적 크기를 늘리는 데 사활을 건다.

자본 그 자체는 노동시간을 최소한으로 줄이도록 압박을 가하는 반면, 노동시간을 부의 유일한 원천이자 척도로 설정한다는 점에서, 진행 중인 모순이다. 따라서 자본은 잉여노동형태의 노동시간을 증대하기 위해 필요노동형태의 노동시간을 축소해야 한다.

이 경우, 잉여노동시간은 점증하는 척도로 필요노동시간을 위한 조건, 한마디로 사활이 걸린 문제question de vie et de mort로 설정된다. 그리하여 한편으로 자본은 부의 창출을, 부에 사용된 직접적 노동시간과는 별도로 독립적인 것으로 만들기 위해 사회적 결합 및 사회적 교통의 힘과 마찬가지로 과학과 자연의 모든 힘을 살려 낸다. 다른 한편으로 자본은 그렇게 창출된 거대한 사회적 힘을 노동시간에 따라 측정하며 이미 가치로서 창출된 가치를 유지하기 위해 필요한 한계 안에 제한하기를 원한다(CW29:91-92).

예를 들어 설명해 보자. 노동시간과 임금 수준이 동일한 조건에서, A자본이 자신의 경쟁상대인 B, C, 기타 자본에 비해 더욱 많은 이윤을 남기는 길은, 결국 노동생산물을 보다 많이 생산하여 적게 생산한 B, C, 기타 등등의 자본과 동일한 가격으로 판매하는 수밖에 없다. 따라서 이러한 방식으로 가치를 실현하기 위해서 A자본은 가치 창출이 이루어지는 생산과정 안에서 자본의 가치 구성을 변화시켜야 한다. 그런데 그 방도는 임금, 노동시간 등 다른 조건이 같다면 결국, 생산수단 자체를 기계화 또는 자동화하여 동일 시간에 보다 많은 상품을 생산하는 길 외에는 존재하지 않는다.

이 경우, A자본은 B, C, 기타 등등의 경쟁 자본에 비해 필요노동시간을 단축시켜서 상대적 잉여가치를 확보하는 효과를 보게 된다. 결과적으로 생산비용을 타 자본에 비해 적게 들인 상품을 가지고 다른 경쟁 자본이 만든 제품과 동일 가격으로 시장에서 판매할 수 있기 때문에 A자본은 평균이윤을 웃도는 초과이윤을 확보할 수 있다. 하지만 새로운 생산방식이 보편화되어 A자본이 채택했던 새로운 생산방식이 B, C, 기타 등등의 경쟁적 자본에게 수용되면, A자본과 동일 수준에서 필요노동시간과 잉여노동시간 사이의 비율이 고정되기에 이른다.

그러므로 신기술이 적용된 생산방식이 특정 자본에게 가져다준 이점은 일시적, 제한적일 수밖에 없다. 새로운 생산방식이 적용된 결과, 필요노동과 잉여노동 사이의 비율이 전 사회적 생산 수준에서 확정된다. 이 과정은 자본의 유기적 구성을 끊임없이 고도화시키는 압력으로 작용한다. 바로 이것이 자본주의적 생산의 일반적, 보편적 경향이다.

자본의 유기적 구성의 고도화가 함축하고 있는 역사적 의미를 한마디로 표현한다면, 경이적인 사회적 생산력 발전으로 요약할 수 있다. 그런데 이처럼 눈부신 사회적 생산력 발전은 자본주의 사회 전체로 볼 때 축복이 아니라 오히려 불행일 수 있다. 왜냐하면, 자본의 유기적 구성의 고도화에 따른 사회적 생산력의 급속한 발전이 노동에게는 구조적 실업을 유발하는 요인으로 작용하며, 자본에게는 이윤율이 경향적으로 저하되는 사태를 초래하여 자본축적 자체의 만성적 위기를 초래하기 때문이다.

급속한 경제발전 안에 자신의 몰락을 예비하는 자본주의 사회의 일반적 경향은 이미 사용가치와 가치의 대립이라는 상품생산 자체의 모순 속에 잉태해 있었다고 해도 과언이 아니다. 『자본론』이 어째서 천재적 저작인가 하는 이유는, 압도적이며 경이적인 생산력 발전 속에 사실은 그 체제의 내적 모순에 따른 역사적 한계, 곧 자본주의 체제를 경제적 위기에 빠뜨려 붕괴에 이르게 하는 구조적 요인이 동시에 발현되고 있음을 과학적이고도 체계적으로 증명했기 때문이다.

우리는 자본이 사회적 생산력을 발전시키는 목적이 필요노동시간과 잉여노동시간 모두가 포함된 사회적 노동일 전체를 단축하려는 노동자 계급의 요구와 달리 노동일 안에서 필요노동시간을 단축하는 것에 있음을 살펴보았다. 또한 노동자들에게 임금은 노동력의 가치로서 잉여노동을 제외한 필요노동에 대한 지불임을 확인했다.

여기서 한 가지 의문이 발생한다. 잉여가치론의 전제에 따라 노동력가치, 곧 필요노동에 대한 지불이 임금이라고 한다면, 필요노동시간이 단축되고 잉여노동시간이 늘어날 경우, 결과적으로 임금이 그 비율만큼 축소되어야 하지 않겠는가? 그렇다면 필요노동의 축소에 비례해 그만큼 저하된 임금을 가지고 어떻게 노동자들이 생계를 유지할 수 있으며, 노동력의 정상적인 재생산이 이루어질 수 있을 것인가?

게다가 가치론의 전개를 통해 표현된 노동력가치와 잉여가치의 관계, 또는 임금과 이윤과의 관계의 동학은 실제의 역사적 현실과는 상당 부분 일치하지 않는다. 왜냐하면, 실제 역사에 있어서 자본주의가 고도로 발전한 구미 선진국들의 경우, 사회적 생산력이 발전하면서 노동자 계급의 구매력 지표인 실질임금이 상승함과 동시에 노동시간 역시 자본주의 국가들 가운데 가장 짧기 때문이다. 일례로 독일에서는 주 35시간 노동이 실행되고 있다. 다른 선진 자본주의 국가들 역시 주당 평균

노동시간이 40시간을 초과하지 않는다. 바로 이러한 역사적 모순이 이론적으로 적절히 설명되어야 한다.

마르크스는 이 모순이야말로 자본주의 경제발전과정 그 자체에 내재하는 것으로 간주한다. 구체적으로, 가치 증식과 자본 구성의 또 다른 표현인 사용가치 생산 사이의 동태적, 변증법적 과정을 통해 설명할 수 있는 것으로 판단한다.

> 실질적인 부는, 순전한 추상으로 환원된 노동과 그것이 감독하는 생산과정의 힘의 질적인 불균형 속에서뿐만 아니라, 사용된 노동시간과 그 생산물 간의 재앙적인 불비례 속에서 스스로를 표출하는데, 대공업이 바로 이것을 폭로한다(CW29:91).

가치 증식에 이해를 지닌 자본의 관점에서 보았을 때, 자동화로 상징되는 생산력 발전의 목표는 명백히 필요노동의 단축에 있다. 마르크스에 따르면 자본주의적 생산의 목표는 생산 자체가 목적인 자본축적이다. 자본축적은 실제 현실에 있어서는 유용한 사용가치로서의 상품과 화폐라는 가치형태로 현상한다.

그런데 가치크기로서의 화폐와 그것이 표상하는 사용가치

내지 실제적 부의 형태로서의 상품, 곧 노동생산물 크기의 비율은 고정되어 있지 않다. 바로 여기에 자본주의적 생산의 모순이 발생하며, 위에서 제기한 의문이 해명될 수 있는 이론적 단초가 있다. 상품과 화폐, 사용가치와 가치의 모순적 양상에 대해 마르크스는 다음과 같이 분석한다.

자본과 노동은 상호 간 마치 화폐와 상품처럼 관계를 맺는다. 전자, 즉 화폐는 부의 일반적 형식이고, 상품은 오직 직접 소비될 운명에 처한 그러한 실체이다. 자본형태의 부가 지닌 그 일반적 형식을 향한 끝 모를 갈망은 노동이 부의 자연적 결핍Naturbedürftigkeit이라는 한계를 넘어서도록 강요한다. 그 결과, 모든 측면에서 생산과 향유 가운데 있고, 그의 노동이 더 이상 노동이 아니라 그 자체로 개인적 활동성의 완전한 발전으로 나타나는 풍부한 개성의 발전을 위한 물적 요소를 창출한다. 이러한 자본의 발전 속에서 직접적 형태의 자연필연성은 흔적을 감췄다. 그 이유는 역사적 욕구가 자연적 욕구의 자리를 차지했기 때문이다. 이것이 어째서 자본이 생산적인가, 즉 사회적 생산력 발전을 위한 핵심적 관계인가의 핵심적 이유이다(CW28:250-251).

자본주의적 생산의 기본 경향은 화폐형태의 교환가치의 크기보다 그것이 표상하는 노동생산물의 양이 비교조차 되지 않을 정도로 빠르게 증가한다는 데 있다. 따라서 자본주의가 발전할수록, 기계제 생산에서 자동화된 생산으로 노동생산력이 발전할수록 필요노동에 해당하는 임금으로 구매 가능한 생필품의 가격은 그만큼 하락한다고 할 수 있다. 그 이유는 과거와 동일한 화폐가치로 나타내는 노동생산물의 양이 그만큼 증대했기 때문이다.

만일 화폐가 상품크기만큼 증가했더라면 지구의 중력조차 아마도 화폐의 무게를 견뎌 내지 못했을 것이다. 따라서 필요노동은 생산력이 발전할수록 그 한계점을 향해 무한히 축소되는 '무한소infinitesimal' 형태를 띤다. 반면, 잉여노동을 표현하는 상대적 잉여가치는 필요노동이 축소되는 것만큼 비율적으로 증가한다.

자본은 항구적으로 필요노동시간을 지양하려고 노력한다. 이것은 동시에 노동자를 최소한으로, 즉 그의 존재를 단지 살아 있는 단순한 노동능력으로 축소하는 것이다. 반면 잉여노동시간은 대립적으로만, 곧 필요노동시간의 대립물로만 존재한다. 따라서 자본은 필요노동시간을 자신의 재생산 및 가치 증식에 반드시 필요한 조건으로 정립한다는 점에서 자본 자체는 하나의 모순이다. 어떤 점에서는 노동자 계급의 힘의 발전이기도 한 물질적 생산력의 발전은 자본 자체를 정지시킨다(CW28:467).

자본주의적 생산이 발전할수록 임금에 해당하는 필요노동이 잉여노동에 비해 무한히 축소되는 경향은 사회 전체적으로 노동활동에 쏟아붓는 총노동일을 상대적으로 감소할 수 있는 방향으로 작용한다. 필요노동이 축소되는 생산력 발전의 일반적 경향은, 다른 말로 과거와 동일한 임금을 받는 노동자가 산출한 부의 절대적 크기와 사회적 노동생산성이 그만큼 비약적으로 증가했다는 것을 의미한다. 이는 사회 전체의 노동생산물 가운데 필요노동을 표현하는 임금 부분이 기계나 원자재, 곧 불변자본에 비해 그만큼 축소되었다는 것과 같은 말이다. 마르크스는 이 문제를 다음과 같이 규정한다.

대규모 산업이 발전하는 정도로 실질적 부의 창출은 노동시간은 물론 노동시간 동안에 작동하는 매개물들, 즉 노동도구 등의 힘보다 그 과정에 고용된 노동의 양에 덜 의존한다. 그런데 그러한 매개의 '강력한 효율성'은 그 자체로 그것을 만드는 데 소비된 직접적 노동시간과의 비례로부터 벗어나, 차라리 과학의 일반적 상태, 기술의 진보, 혹은 생산에 이러한 과학을 적용하는 것에 의존한다(CW29:91).

노동생산력 발전의 계기를 통해 표출되는 사회적 총노동시간의 감축 경향을 노동자에 대한 정리해고 등 소유권 회복을 위해 사용하려는 자본의 프로젝트와 달리, 노동자 계급의 입장에서는 그러한 경향을 전체 사회적 수준에서 노동시간 단축을 위한 입법의 계기로 활용하려 한다는 점에서 생산력 발전의 일반적 경향과 이를 바라보는 노동자 계급과 자본의 이해관계는 극명하게 엇갈린다.

자본의 관점에서 사회적 총노동일의 축소란, 노동자 1인당 노동생산성이 그만큼 증가한 결과로 기존에 수십 명의 노동자가 해 왔던 작업을 노동자 한 명에게 시킬 수 있다는 경제적 사실을 의미할 뿐이다. 이것은 노동자 한 명을 고용하면 다른 수십 명의 노동자들을 생산과정에서 추방할 수 있는 노무관리의 기반을 자본가에게 마련해 준다.

이러한 형태의 사회적 생산력 발전은 노동과정에 있는 현직 노동자들의 노동시간은 축소시키지 않은 채, 아니 오히려 추방당한 노동자의 몫까지 해내기 위해서 노동강도가 한층 강화되고 노동시간이 증가하는 방향으로 작용한다. 노동과정에서 추방당한 노동자들, 한마디로 실업자들은 노동에서 자유로워진 결과 생존과 생활의 기초를 박탈당한다. 그에 따라 정규직과 비정규직, 토착노동자와 이민노동자, 남성노동자와 여성노동자 사이의 대립을 포함한 노동자 계급 내부의 균열은 물론, 항구적인 사회적 양극화 경향을 초래한다.

가치척도로서의 노동시간은 부 그 자체를 궁핍 위에 기초한 것으로 설정하고, 가처분시간을 잉여노동시간과의 대립 속에, 그리고 대립을 통해 존재하는 것으로 설정한다. 혹은 개인의 전체 시간을 노동시간으로 설정하고 따라서 그를 단순한 노동자로 전락하게 하며 노동 아래에 종속시킬 것이다. 따라서 가장 발달한 기계장치는 노동자가 원시인보다 더 오래, 혹은 그 자신이 가장 단순

하고 조야한 도구를 가지고 일할 때보다 더 오래 일하도록 강제
한다(CW29:94).

이와 달리 노동자 계급의 입장에서 본다면, 사회적 생산력 발
전의 결과가 외적으로 표현되는 사회적 총노동일의 축소 경향
은 잉여노동과 필요노동 모두를 포함한 '사회적 표준노동일',
곧 총노동시간을 단축하는 계기로 적극 활용되어야 한다는 것
을 의미한다. 구체적으로 그것은 사회 전체 수준에서 노동자의
노동시간을 법적으로 확정하고 이를 보편적으로 모든 작업장
에 적용하여 노동자의 자유시간을 확대하려는 형태를 띤다.

그런데 사회적 노동시간의 단축을 강제할 수 있는 힘은 결국
노동자 계급의 정치적, 사회경제적 권리 요구를 통해서만 제기
될 수 있다. 이러한 권리 요구는 무차별한 대량실업과 고용노
동자들에 가해지는 착취 강화를 계급적 목표로 설정하는 자본
의 소유권과 정면으로 대립한다.

마르크스는 여기서 한 발 더 나아가 자본주의 사회의 생산력
발전 경향이 노동자와 사회의 성격을 어떻게 변모시키는가 하
는 지점까지 논의를 확대한다. 우리는 마르크스가 "어떤 점에

서는 노동자 계급의 힘의 발전이기도 한 물질적 생산력의 발전은 자본 자체를 정지시킨다"라고 언급한 사실을 상기할 필요가 있다. 마르크스는 물질적 생산력의 발전과 노동자 계급의 힘의 발전 간의 모순적 동학이 자본축적 자체를 정지시킬 수 있는 가능성을 하나의 논리적 연계 속에 위치시키고 있는 것이다.

마르크스는 자동화 생산이 직접적 생산자인 노동자들을 노동과정에서 어떻게 변모시키는가, 그리고 그러한 변화를 어떻게 해석할 것인가의 물음에 대해 다음과 같이 설명한다.

어떤 방식으로도 기계는 개별 노동자의 노동수단으로 등장하지 않는다. 기계의 구별되는 특징은 노동수단을 통해서 노동자의 활동을 대상에 전달하는 것이 아니다. 오히려 노동자의 활동은 단지 기계의 작업, 기계의 활동을 원료에 전달하는 것, 그것을 감독하고 작업 중단을 방지하기 위해 감시하는 것이다. 그것은 노동자가 자신의 숙련과 활동으로 생명을 불어넣어 자신의 기관의 일부로 만드는, 그러므로 그것을 다루는 것은 노동자의 솜씨에 달려 있는 그런 도구들과는 다르다. 오히려 노동자를 대신하여 숙련과 힘을 보유하고 있는 기계는, 숙련과 힘을 통해 관철되고 있는 기계적 법칙들 안에 자신의 영혼을 지니고 있으며, 노동자가 계속적인 활동을 유지하기 위해 음식을 소비하듯이 석탄, 기름 등을 소비한다. 노동자의 활동을, 활동에 대한 단순한 추상적 개념으로 한정해 보면, 모든 측면에서 기계장치의 움직임에 의해서 결정되고 규제되는 것이지 그 역은 아니다. … 생산과정은 노동과정을 지배하는 통일자로서의 노동이 지배하는 과정이라는 의미에서 노동과정이기를 그친다. 오히려 노동은 단지 기계체계의 여러 지점에 위치한 살아 있는 개별 노동자들 속에 흩어져 있는 의식적 기관으로 나타난다(CW29:82-83).

우리는 마르크스가 자본주의적 노동과정을 해명하는 데 중요한 이론적 쟁점이라 할 수 있는 숙련이나 자동화에 따른 노동의 성격 변화 등에 관해 논의하고 있음을 확인할 수 있다. 여기서 중요한 것은 자동화된 생산체제가 발전하면 할수록 노동생산물의 가치크기에 있어서 필요노동과 잉여노동 모두를 포함해서 살아 있는 노동이 차지하는 가치 구성 부분은 반드시 필요함에도 불구하고, 기계나 원료 등 고정자본이 이전하는 가치에 비해서 상대적으로 급격히 축소된다는 점이다. 그에 따라 직접적 노동자 역시 점차 노동과정의 핵심이 아닌 외부 또는 주변에 위치하는 것으로 현상한다.

기계장치 안에 대상화된 가치는 개별 노동능력의 가치 창출의 힘이 무한소로 사라지는 전제조건으로서 나타난다. 기계장치의 출현과 함께 가능해진 엄청난 대량생산은 생산자의 직접적 욕구에 대한, 그리고 그에 따라 직접적인 사용가치에 대한 모든 연관을 파괴해 버린다. 생산물은 단지 가치의 전달자로서만 생산될 뿐이라는 것, 그리고 그것의 사용가치는 오직 그 목적을 위한 조건일 뿐이라는 것은 이미 생산물의 생산형태 속에, 그리고 그것이 생산되는 관계 속에 내재해 있다(CW29:83-84).

바로 이 지점에서 마르크스는 '생산력의 계보학'을 시전한다. 다시 말해서, 사회적 생산력 발전의 내적 구조가 어떤 역사적 변화를 경험하는지에 대해서 통찰력 가득한 분석을 전개한다.

생산력과 사회적 관계, 곧 사회적 개인social individual의 발전이 지닌 두 가지 다른 측면은 자본에게는 단순한 수단으로 보이며, 그것이 자신의 한정된 기초 위에서 생산하기 위한 수단에 불과할 뿐이다. 그러나 사실 그것들은 이러한 기초를 날려 버릴 물질적 조건이다(CW29:92).

전근대적 생산체계와, 자본주의로 상징되는 근대적 생산체계 사이에는 원리적 측면에서 질적 차별성이 존재한다. 전근대 사회의 경우 인간노동이 자연 그 자체의 연장의 형태로서 공동체를 기반으로 시간을 공간화하는 생산양식이었던 반면, 교환가치의 발전이 그 직접적 기원인 근대사회는 공장이라는 특정 공간에 생산과정을 집적함으로써 공간을 시간화하는 기획과 아울러 살아 있는 인간을 오직 생산의 관점, 따라서 노동시간이 육화된 형태로 변화시킨다.

교환가치 속에서 개인들 간의 사회적 연관은 사물들 간의 사회적 관계로, 개인적 능력은 대상적 부의 형태로 전환한다. 교환수단이 사회적 힘을 덜 소유하면 할수록, 공동체의 힘은 더욱 커져야만 하는데, 이러한 공동체는 개인들을 가부장제의 관계나 고대의 공동체 및 봉건제, 길드체계로 묶어 놓는다(CW28:157).

전근대사회의 경우, 노동양식이 아무리 진보할지라도 사회적 생산력은 대지를 경작하고 작물을 재배하는 형태를 띠었다. 따라서 자연 그 자체가 생산과 인간 삶의 출발점이자 종착점인 자연적 생산력의 단순한 연장이었다. 이와 달리 근대 부르주아 사회의 경우, 가치 창출을 통한 이윤 확보가 생산의 목표로 설정됨으로써 사회적 생산력은 인간의 산노동으로부터 점차 축적된 자본의 대상적 형태를 이루는 기계 등 고정자본, 곧 죽은 노동의 힘으로 발현한다.

노동수단의 기계장치로의 발전은 자본의 우연적 계기가 아니라 전래된 전통적 노동수단이 자본에 적합한 형태로서 역사적으로 재형성된 것이다. 지식과 숙련의 축적, 사회적 두뇌가 지닌 전반적인 생산력의 축적은 이렇게 하여 노동과 대립되는 자본 속으로 흡수되어 고정자본의 한 속성으로 나타난다(CW29:84).

마르크스에 따르면, 고정자본으로서 기계류는 노동자를 종속적이고, 수취당하는 존재로 정립한다. 기계의 효과는 오직 고정자본의 역할을 취하는 한에서 그리고 그러한 역할 내에서 유지된다. 이는 단지 노동자가 임금노동자로 그것과 관계하고, 활동적 개인이 일반적으로 단순히 근로하는 인간으로서만 자본과 관련을 맺기 때문이다(CW29:91). 그러므로

고정자본 안에서 사회적 노동생산력은 자본에 내재한 어떤 특질처럼 정립된다. 과학적 힘은 물론 생산과정 내의 사회적 힘의 결합을 포함하여, 최종적으로 숙련은 직접적 노동으로부터 기계로, 그리고 죽어 있는 생산력 내로 그 위치가 바뀌었다(CW29:100-101).

기계 등 고정자본이 사회적 생산력 발전의 핵심 부분으로 등장하는 전 과정은 그것이 자동화체계를 지향함으로써 상호 모순된 양상을 띠기 시작한다. 고정자본이 사회적 생산력의 주력을 구성하는 순간, 이것은 자동화 생산체계로 발전하는 경향성을 필연적으로 띨 수밖에 없다. 바로 이 지점에서 사회적 생산력 발전의 핵심적 계기는 노동이 이루어지는 직접적 생산과정을 떠나 생산의 보편적 원리 그 자체를 발전시키는 과학기술의 힘에 의존한다.

노동의 단순한 양을 나타내는 노동시간이 자본에 의해 유일한 규정요소로서 제시되는 정도에서 직접적 노동 및 그 양은 사용가치의 창출을 나타내는 생산과정에서의 결정적 원리를 상실하며, 양적으로 좀 더 작은 비율로, 질적으로는 불가결하지만 한편으로는 전반적인 과학적 노동, 자연과학의 기술적 적용과 다른 한편으로는 총생산 속에서 사회적 노동의 자연스러운 결과로서 나타나는 전반적인 생산력과 비교했을 때, 부차적 계기로 축소된다(CW29:85-86).

생산력 구성의 질적 변동은 직접적 생산자인 노동자의 사회적 성격과 아울러 계급 구성 그 자체를 변화시키는 힘으로 작용한다. 이러한 변동의 핵심은 생산자인 노동자가 노동과정상의 제반 지식을 '손에 못이 박히는' 반복적 노동행위를 통한 숙련이 아니라 직접적 노동활동에 들어가기 이전에 이미 보편적 형태의 공공교육체계를 통해 습득하여 사회적으로 훈육된다는 것이다.

자본주의적 생산의 출발점은 노동의 성격을 불문하고 가치증식이라는 대명제 아래 산노동을 형식적으로 자본에 포섭하는 형태로 보편노동을 창출하는 과정이었다. 그런데 이제는 과학기술의 발전에 근거한 사회적 생산력의 비약적 발전으로 자본의 유기적 구성이 한층 고도화된 결과, 노동 내용, 즉 사용가치를 창출하는 직접적 노동 역시 특별한 숙련을 요구하지 않는다. 그 결과, 별도의 숙련이 없어도 무차별적으로 노동과정에 투입될 수 있는, 그 내용에 있어서조차 '보편노동자universal worker'의 형태로 탈바꿈한다.

장인이 생산과정을 주도한 수공업 생산체제 안에서는 전체 노동과정 자체가 노동자의 특정한 기예와 숙련에 의존한다는 점에서 완제품 생산을 한 노동자의 손에 결합시키는 형식의 다재다능多才多能한 노동이 이루어졌다. 이에 비해서 노동수단 자체가 자동화되고, 그에 따라 노동과정 또한 다기능을 요구하는 범용적, 보편적 노동과정 형태로 변모함에 따라 노동자 역시 보편적 성격을 획득한다는 측면에서 두 가지 형태의 보편노동 사이에는 질적인 차별성이 존재한다.

한 가지 사례로 일본의 도요타 자동차 공장에서 이루어지는 생산공정의 경우, 5분 동안 16대의 작업기계를 다루는 자동생산작업의 전형을 보여 준다. 이것은 전통적인 숙련 개념으로는 도저히 상상할 수 없는 작업방식이다(강석재·이호창, 1993:324).

발전한 자본주의 사회 안에서 노동자의 보편적 특성은, 그로 하여금 특정한 노동기술을 소유하지 않는 대신, 어떤 노동과정에도 신축자재로 투여할 수 있게 해 주었다. 그 결과 자신의 사회적 욕구를 통해 노동을 설정할 가능성을 제공한다는 점에서 계급구조를 포함한 사회적 노동분업 자체를 폐지할 수 있는 실질적 기반이 마련된 것으로 평가할 수 있다. 이제 과거 산업자본의 상징인 시커먼 연기가 뿜어져 나오는 거대한 굴뚝으로 상징되는 중공업 공장과 육중한 기계가 아닌, 바로 사회적 보편노동자가 노동생산력의 핵심 요인으로 등장한 것이다.

마르크스는 이미 『철학의 빈곤』에서 "모든 생산수단 중에서 가장 강력한 생산력은 혁명적 계급 그 자체"이며 "혁명적 요소를 하나의 계급으로 조직하는 일은 낡은 사회의 내부에서 발달할 수 있는 모든 생산력이 존재하고 있다는 것을 전제로 삼는다"(CW6:212)라고 말했다. 그리고 『정치경제학비판 요강 *Grundrisse*』에서는 "생산의 주력, 인간 그 자체the main force of production, man himself"(CW28:422)라고 정의했다.

마르크스는 자연적 부의 형태로 존재하는 전근대사회의 생산력 개념에서 고정자본이라는 대상적 부로, 그리고 인간 그 자체의 요소로 사회적 생산력 구조가 변동되는 방식에 대해서 다음과 같이 규정했다.

처음에는 전적으로 자연발생적인 인격적 의존의 관계가 최초의 사회적 형태이다. 이 안에서 인간의 생산능력은 약간 정도로만, 그리고 고립된 지점들에서 발전한다. 사물에 의해 매개되는 의존에 기반한 개별적 독립성이 두 번째의 커다란 사회적 형태인데, 이 안에서 전반적인 사회적 물질대사, 보편적 관계, 전면적 욕구와 보편적 능력의 체계가 처음으로 형성된다. 개인들의 보편적 발전과 사회적 부로서의 공동체적, 사회적 생산성에 대한 그들의 관할에 기반한 자유로운 개성이 세 번째 단계이다. 두 번째 단계는 세 번째 단계의 조건을 만들어 낸다. 가부장제 혹은 봉건제를 포함한 고대적 사회조건은 상업과 화폐, 사치, 교환가치의 발전과 함께 분해되는 만큼, 동일한 수단에 의해 근대사회가 태동하고 성장한다. 교환과 노동분업은 서로를 상호 조건 짓는다(CW28:75-76).

모든 노동자가 어떤 노동과정에도 무차별적으로 투입될 수 있는 범용적, 보편적 특성을 획득한다는 사실은 자본의 가치 증식회로에 포섭될 경우, 노동유연화 곧 자본의 논리대로 고용과 해고를 무차별, 무제한적으로 단행할 수 있는 기반을 제공한다. 이 견지에서 본다면 자본주의 사회에서 사회적 보편노동자의 일반화는 행운이 아니라 오히려 지독한 불행인 셈이다.

기계가 일반적으로 생산력과 사회 내에서 과학의 축적으로 발전되는 한에서, 일반적·사회적 노동은 노동이 아니라 자본 안에서 그 모습을 드러낸다. 사회의 생산력은 고정자본을 통해 측정되며, 그것의 대상적 형식으로 존재한다. … 기계 안에서, 지식은 노동자에게 낯설고, 외적인 것으로 나타나며, 산노동은 자기활동적인, 혹은 스스로 작용하는 대상화된 노동하에 포섭된 것으로 드러난다. 노동자들은 그의 행위가 자본의 필요에 의해 결정되지 못하는, 그 정도로 남아도는 것으로 나타난다(CW29:84-85).

이제 대상적 형태의 고정자본, 즉 기계 등의 형태로부터 범용적 성격의 보편노동자의 등장으로 인해 인간 지성이라는 요소가 사회적 생산력의 주력으로 등장함으로써 자본은 소재적, 공간적 한계를 탈피해 전 지구를 대상으로 활동할 수 있게 되었다. 그 결과 사회적 생산력의 파괴현상 또한 과거의 경제공황과 같이 생산수단이나 노동생산물의 폐기로 상징되는 과잉생산된 대량의 사용가치를 파괴하는 것이라기보다는 노동자 그 자체, 대량의 산노동을 노동과정에서 항구적으로 추방하는 형태의 구조적 실업사태로 나타난다.

사회적 생산력 발전의 모순적 과정을 통해 노동자 역시 점차 노동과정 내에서의 작업에 따른 분절화를 탈피하고 사회적으로 공공교육과정을 통해 보편노동자의 성격을 부여받게 된다. 육체노동과 정신노동, 즉 블루칼라와 화이트칼라의 차별성이 점차 의미를 상실하게 되는 서구 사회의 최근 경향은 이러한 전체과정의 단면일 뿐이다.

노동자의 노동능력의 보편평준화, 지식노동자의 대중화를 향한 경향성은 한편으로는 자본에게 전제적 힘을 회복시켜 주었다. 그 결과, '구조조정'의 미명 아래 노동자를 무차별적으로 해고할 수 있는 기술적 무기를 제공했다. 이제 실업자의 직업적, 인구학적 특성 역시 특정 산업 부문에 국한되지 않고 보편화되기에 이른다. 하지만 이 경향은 사회적 노동자의 욕구와 이해의 맥락, 즉 그들이 실현하고자 하는 사회적 권리를 보편화한다는 측면에서 마르크스의 정치이론을 새로운 차원에서 설정할 것을 제안한다.

보편적 형태로 존재하는 사회적 노동자가 자신들의 이해와 요구에 대해 정치적으로 문제를 설정하는 방식은 그들이 동일한 노동과정에 속해 있다는 차원에서 이루어지는 것이 아니다. 오히려 노동과정과 노동시간의 외부, 즉 사회적 욕구와 생활에의 요구가 일치한다는 차원에서 거꾸로 노동과정을 재규정하려는 형태로 변동한다. 다시 말해서 노동자 계급을 연대에 이르게 하는 정치지형과 사회적 권리의 내용이 완전히 변화한 것이다.

이것은 생존권의 요구로부터 생활권의 요구로 정치적 전환의 근거를 형성한다. 지금까지는 노동 및 근로활동을 생존의 기반으로 여겼다는 점에서 생존권 요구에 그동안의 노동조합과 노동자 정치운동이 근거했다. 하지만 이제는 생활권 요구의 관점에서 생산과정 역시 민주적으로 통제하려는 욕구, 사회적 노동시간을 보편적으로 단축하려는 욕구, 최저생계비라는 동물적 생존이 아닌 생활임금의 쟁취라는 인간적, 사회적 요구가 자본주의의 외부가 아닌, 내적 발전의 결과 발생하는 것이다.

같은 맥락에서 노동시간을 축소하려는 움직임 또한 본격화되기에 이른다. 과거에는 노동시간 단축 요구가 장시간 노동과 노동과정 자체의 야만성을 극복하고자 하는 형태의 수동적 권리 요구였다. 이에 비해서 최근의 노동시간 단축 요구는 사회적 삶의 과정에 대한 이해와 욕구에서 비롯된, 따라서 이러한 삶의 요구를 바탕으로 주동적으로, 적극적으로 노동활동 및 노동시간을 재규정하려는 움직임으로 간주할 수 있다.

노동자의 입장에서 노동을 대상적인 자기활동으로 실현하고자 하는 노동에 대한 인간적 욕구란 노동과정 자체로부터 제기되는 것이 아니다. 필요노동 축소를 통한 잉여노동의 수탈이라는 자본가의 생산기획과는 반대로, 노동자의 정치적 기획은 가처분시간, 또는 자유시간이라는 생활의 영역으로부터 노동과정을 민주적으로 통제하려는 사회적 권리 요구의 기초 위에서 발생한다.

사회적 생산력 구조 변동에 연해서 제기되는 권리정치의 핵심은 근로 요구를 통해서 생활을 규정하는 것이 아니라 거꾸로 생활의 요구를 통해 노동에 대한 권리를 주장하는 것이어야 한다. 이러한 현실적 기초에 의거할 때만 일상적 삶에 있어서뿐만 아니라 노동과정 전반에 대한 민주적 통제를 현실화하려는 욕구가 실제로 꿈틀댈 수 있다.

자본은 기계를 오직 노동자가 자본을 위해 그의 시간 대부분을 일하도록 하고, 그의 시간 대부분을 그에게 속하지 않는 것으로 관계 지으며, 타인을 위해 더 오래 일하는 것을 가능하게 하는 한에서 기계를 운용한다. 이러한 과정을 통해 하나의 주어진 대상을 만드는 데 필요한 노동의 양은 최소로 줄게 되지만, 이는 오직 그것의 최대한의 수량 내에서 최대의 노동을 실현하기 위한 것이다. 첫 번째 측면, 즉 노동의 양이 최소한으로 줄어드는 것이 중요한데, 왜냐하면 여기서 자본은, 전혀 의도하지 않은 결과이긴 하지만, 인간의 노동, 인간 에너지의 지출을 최대한 축소시키기 때문이다. 이것은 노동을 해방시키는 데에 이득을 줄 것이며, 노동자를 해방하기 위한 조건이다(CW29:91).

제8장
이윤율의 경향적 저하법칙

지금까지 우리는 자본의 유기적 구성의 고도화가 노동의 성격 변화에 어떤 영향을 미치는가에 관해 살펴보았다. 요컨대, 자본의 유기적 구성의 고도화로 인한 급속한 사회적 생산력 발전은 인간을 노동으로부터 해방시킬 수 있는, 이른바 보편노동자 출현의 단초를 제공한다.

그런데 자본주의 사회에서는 보편노동자의 출현이 노동의 가치 하락으로 작용하여 오히려 대규모 구조조정과 대량실업의 기초로 작용한다. 이제는 자본의 유기적 구성의 고도화가 자본운동에 어떤 영향을 미치는가에 대해 살펴볼 차례다.

자본의 유기적 구성의 고도화가 자본운동에 미치는 가장 중요한 영향은 바로 이윤율의 경향적 저하를 야기한다는 것이다. 자본의 유기적 구성의 고도화가 자본운동과 관련하여 시사하는 핵심 내용은 산노동이 가치 증식에 기여하는 정도가 점차 약화되는 것으로 요약할 수 있다. 이는 자본축적에 영향을 미쳐 기계, 공장 등 고정자본의 크기는 기하급수적으로 증대하는 반면 인건비, 곧 임금에 투하되는 가변자본의 크기는 비율적으로 축소되는 형태로 나타난다. 따라서 이 현상이 함의하고 있는 경제적 의미는 이중적이다.

한편에서는 자본이 노동을 통제하고 포섭할 수 있는 가능성이 증대한다. 반면, 다른 한편으로 자본 증식, 곧 잉여가치 증대의 필수조건인 산노동의 기여가 그만큼 약화된다는 것은 자본주의 자체의 위기로 작용한다. 자본가들은 바로 이러한 위기의 징후를 이윤율의 저하를 통해 체감한다.

그런데 문제는 이윤율의 저하현상이 자본의 유기적 구성의 고도화, 곧 사회적 생산력의 비약적 발전과 천문학적 크기의 자본축적의 결과라는 사실이다. 이로부터 자본의 위기란 외생적 요인이 아닌 산노동의 착취를 통해서만 자본축적의 무한한 연료를 제공받을 수 있는 자본운동 자체의 내적 메커니즘의 산물임을 이해할 수 있다.

마르크스는 근대적 형태의 경제현상, 곧 부르주아 경제체제의 역사적 의미를 고찰하고 분석하는 것에서부터 논의를 시작한다. 그 논의의 핵심은 자본주의 사회의 출현은 자연발생적인 것이 아니라 특정한 역사적 조건하에서 상공업 계급으로 대표되는 근대 부르주아의 실천, 곧 사회적 노동활동을 통해 발생한 것이라는 점이다.

자본주의 또는 근대 부르주아 사회는 생산을 위한 생산, 교환을 위한 생산, 즉 화폐라는 일반적 가치형태로 표상하는 자본축적이 사회적 활동의 주된 목표로서 인간의 다양한 활동 가운데 오직 노동만을 가치 있는 생산적 행위로 인정한다. 자본주의 사회에 내재한 역사적 특성을 초역사적 형태로 전환시킨 계기가 바로 '물신숭배fetishism'이다. 인간적 감성주체인 자본가가 자본의 '인격적 존재personification'로 형태 변환함으로써 근대 부르주아 사회의 특성인 사물과 세계가 전도되는 상품과 화폐에 대한 숭배, 곧 '물신숭배' 메커니즘이 완성된다. 다시 말해서, 자본가는 물신숭배에 의해 자본운동의 대행자agent로 자리매김하는 것이다.

자본영감과 땅부인께서 사회적 인물이자 동시에 곧장 단순한 사물로서 야단법석을 떨어대시는, 모든 게 온통 물구나무를 선, 뒤집혔으며 마법에 걸린 세계가 완성되었다(CW37:830).

사물과 세계가 전도되는 물신화 과정은 노동생산물의 오랜 역사적 교환과정을 통해 발생한 사회적 노동분업의 산물이다. 원래 노동생산물의 교환은 자신에게는 사용가치가 없지만 타인에게는 그러한 생산물이 필요로 되는 욕구가 있을 때 가능하다. 그러므로 노동생산물의 교환과정을 통해 실제로는 서로 다른 종류의 사회적 활동이 교환되는 셈이다.

그런데 근대 부르주아적 노동분업체계 안에서 다양한 사회적 활동의 교환은 직접적인 사회적 형태가 아니라, 사물 사이의 교환, 곧 가치의 표상인 화폐에 의해 노동생산물이 교환되는, 한마디로 상품 교환의 형태를 띤다. 인간의 사회적 활동이 아니라 노동생산물이 시장에서 자립적으로 교환되는 양상은 화폐를 모든 가치 중의 가치, 상품 중의 상품으로 자리매김하게 하는 화폐의 가치척도기능을 발생시킨다.

화폐가 노동생산물의 가치를 표상하는 일반적 가치형태로

전형되는 순간, 화폐축적이 상인이라는 특정 사회집단에 달라붙게 되는 계기가 발생한다. 자본주의 사회 이전에는 역사적으로 페니키아인, 유태인 등 특정 상업종족들이 전근대사회의 기공에 침투하여 화폐의 인격체로 활동해 왔다.

우리는 고대인들에게서 어떤 토지 소유형태가 가장 생산적이고 거대한 부를 만들어 낼 수 있는가와 같은 탐구를 전혀 발견하지 못한다. 비록 카토가 어떤 경작방법이 최고의 수확을 거두어들일 수 있는가를 연구했다 하더라도, 그리고 브루투스가 최고의 이자율로 자신의 화폐를 남에게 빌려주었다 할지라도, 부가 생산의 목적으로 나타난 것은 아니다. 문제는 항상 어떤 소유양식이 최고의 훌륭한 시민들을 창출하는가에 있었다. 중세사회의 유태인과 같이 부는 고대세계의 땀구멍에서 사는 소수의 상업인간들, 즉 중계무역의 독점자들 사이에서만 목적 그 자체로서 나타난다 (CW28:411).

페니키아인 등 고대의 상업종족들이 근대 부르주아의 직접적 조상임에도 불구하고, 화폐축적이 곧바로 자본축적으로 전환될 수 있는 것은 아니다. 자본축적이란 화폐상품 소유자가 생산수단까지 독점함으로써 시초축적을 통해 생산수단 일체를 박탈당한 무산자 계급을 고용하여 그들의 노동력을 생산수단과 결합시킬 때, 다시 말해서 사회적 노동활동이 자본을 통해 조직될 때만 비로소 가능한 일이다.

자본의 인격이라 할 수 있는 자본가에게는 이처럼 전도된 세계가 현실 세계이다. 따라서 그는 자본의 인격체라는 시선에서, 곧 사물의 관점에서 세계를 바라본다. 하지만 그 시선이 임금노동과 자본이라는 특수한 생산관계를 기반으로 하기 때문에 자본가는 근대사회를 지배하는 '실질적 힘'을 획득한다.

자본가로서의 자본가는 노동자에 대립하여 고유한 의지와 인격을 갖춘 노동의 피조물인 자본의 인격화일 뿐이다. 호지스킨 Hodgskin은 이러한 사태를 그 배후에 착취계급의 기만과 이해가 은폐되어 있는 순전히 주관적인 환각으로만 파악한다(CW32:429).

결국, 근대 부르주아가 표방한 재산권에 입각한 사적 권리의 체계, 곧 민법civil law의 실체란 자본의 권리인 동시에 사물의 권리인 셈이다. 자본은 살아 있는 인간을 생산비용에 포함된 경제적 요인으로 '계수화'하는 데 성공함으로써 인간을 노동하는 주체로 고정시키는 역사적 프로젝트를 달성할 수 있었다. 자본주의적 생산형태를 통해 노동의 자기활동적 요소, 그 긍정적 의미는 자본에게 포섭되며, 직접적 생산자인 노동자는 자신의 활동과 분리된 채 노동을 오히려 적대시하는 역설적 사태가 발생한다.

사회적 노동이 자본축적의 대상이 됨으로써 자본의 권리가 실현되는 전 과정, 곧 가치 증식으로 표출되는 자본운동의 리듬을 마르크스는 다음과 같은 간략한 도식을 통해 압축해서 표현했다.

$$M—C—C'—M'- - -M$$
(M: Money / 화폐, C: Commodity / 상품)

위 자본운동 도식에서 $C—C'$라는 중간고리가 바로 잉여가치의 생산, 곧 착취가 발생하는 지점이다. $C—C'$로 표현된 사회적 노동과정은 자본의 리듬에 포섭되어 자본주의적 생산의 핵심적 계기를 이룬다. 우리는 앞에서의 논의를 통해 이러한 과정이 잉여가치 생산과 사용가치로서의 상품을 만들어 내는 노동과정의 통일적 형태임을 고찰했다.

그런데 착취과정의 순환적 메커니즘을 설정한 자본운동 도식에서 특징적인 것은, 살아 숨 쉬는 인간, 인간의 피와 살의 흔적이 전혀 배어나고 있지 않다는 사실이다. 살과 피가 도는 산 노동의 담지자로서의 노동자는 C—C′라는 착취과정에 참여할 때, 다시 말해서 자본주의적 가치생산의 한 계기로서만 의미를 지닌다. 여기서 우리는 위의 가치 증식 도식을 통해서 마르크스가 근대 부르주아 사회에 대한 문제 설정, 곧 자본의 권리가 형성되는 지점을 명확히 적시하고 있음을 확인할 수 있다.

위의 자본운동 도식에서 우리는 자본의 유기적 구성의 고도화가 이윤율 저하의 근본원인임을 설명할 수 있다. 자본운동은 사실 M—M′의 도식으로 간단히 표시할 수 있다. 왜냐하면, 자본가들의 투자 목적은 자신이 지닌 화폐가치보다 더 많은 화폐를 축적하는 데 있기 때문이다. 그런데 문제는 최초의 M에서 M′로 화폐가 증식하기 위해서는 화폐가치의 증가분, 곧 ΔM의 출처를 규명해야 한다.

가치론에 의거하여 교환과정을 통해서는 새로운 가치가 발생하지 않는다고 전제할 때, 잉여가치는 생산과정을 통해서만 발생해야 한다. 결국 ΔM의 원천은 $M-M'$의 중간고리인 생산과정, 곧 $C-C'$에서 발생하는 것 외에 다른 설명은 불가능하다. 따라서 최초의 자본크기인 M을 투자해서 최종적으로 ΔM이 증가한 M'를 벌어들이기 위해서는 상품을 제조하는 생산과정인 $C-C'$ 과정을 거쳐야 한다. 다시 말해서, C에 잉여가치 증가분인 ΔC가 합쳐진 C' 크기의 상품을 시장에서 판매해 최초의 자본인 M에 이윤 ΔM을 더한 M'의 화폐크기로 새롭게 전형하는 것으로 결론지을 수 있다.

요컨대, 자본이 최초에 투자한 화폐 M은 물론, 거기에 더해진 가치 증가분 ΔM을 화폐로 실현하여 M'의 화폐를 축적하기 위해서는 $C-C'$로 표현된 상품생산과정과 $C'-M'$로 표현되는 상품 판매, 곧 유통과정을 반드시 거쳐야 한다.

그런데 문제는 상품에 더해진 가치증식과정을 표현하는 $C-C'$와 자본의 화폐가치크기 변화를 표현하는 $M-M'$의 계산법이 전혀 다른 근거에서 진행된다는 사실에 있다. 여기서 모순이 발생한다. 앞의 전제에 따르면, 자본의 투자 목적은 최초의 투자자본 M에 ΔM이 더해진 M′를 얻기 위한 것이다.

여기서 생산과정은 이를 위한 중간기착지에 불과하다. 제조 품목과 상관없이 M—M′가 모든 자본투자의 목적이다. 그런데 자본의 고민은 ΔM이 더해진 M′를 실현하기 위해서는 생산과 정인 C—C′를 반드시 거쳐야 한다는 사실에서 발생한다. 이때 우리는 M에 더해진 증가분 ΔM을 이윤으로, 그리고 상품생산 을 통해서 C에 더해진 가치 증가분 ΔC를 잉여가치로 정의할 수 있다.

자본주의가 고도화해서 경제발전이 진전될수록 전체 사회 수준에서 잉여가치 ΔC와 이윤 ΔM의 절대적 크기는 지속적으 로 증가한다. 왜냐하면, 경제발전이라는 용어 속에 이미 사회 적 생산력의 급속한 증대가 표현되어 있기 때문이다.

사회적 생산력 발전은 자본주의 경제체제하에서라면 이미 새로운 가치가 지속적으로 만들어져야 한다는 절대적 함의를 내포하고 있다. 따라서 자본주의적 경제발전의 원천은 결국 잉 여가치 ΔC와 이윤 ΔM의 크기가 증대하지 않는 한 다른 방식으 로는 정의할 수 없다. 그런데 자본의 유기적 구성이 고도화하 면서 생산 증가분인 잉여가치 ΔC와 화폐 증가분인 이윤 ΔM의 크기가 불비례할 수 있다는 차원에서 사회적 생산력 발전은 자본주의 경제의 위기를 초래하는 동시적 과정이기도 하다.

마르크스가 언급한 '이윤율의 경향적 저하법칙'이란 근본적으로 잉여가치 ΔC와 이윤 ΔM의 불비례성에서 초래되는 것이다. 또한 그러한 불비례의 핵심 원인이 사회적 생산력 발전을 표현하는 자본의 유기적 구성의 고도화에 기인한다는 측면에서는 정확히 변증법적이다.

자본가들이 단지 한 회만 투자해서 이윤을 챙길 요량이었다면 시장에서의 상품 판매를 통해 획득한 화폐 증가분인 ΔM과 최초의 자본 M이 더해진 M′를 생산과정에서 빼내어 은행에 저축한 채 유한계급의 삶을 즐겼을지도 모른다. 하지만 자본주의 역사 전체에서 확인할 수 있듯이 단순히 화폐축적을 목표로 하는 자본가는 더 이상 자본가가 아니다. 그는 한 명의 이자생활자에 불과하다. 자본가가 자본가로서의 생산적 역할을 수행하기 위해서는 ΔM과 최초의 자본 M이 더해진 M′를 생산과정에 재투자해서 확장된 형태로 자본축적을 진행해야 한다.

그런데 자본에게는 그들만의 독특한 이윤계산법이 존재한다. 처음에 투자한 가치를 회수해 새로운 투자를 단행할 때, 그가 투자한 액수는 ΔM과 최초의 자본 M이 더해진 M′가 아니라 언제나 최초의 자본크기인 M으로 환원될 뿐이라는 것이다. 다시 말해서, 한 차례 생산과정이 끝나고, 새로운 생산과정을 시작할 때 자본가가 투자한 자본은 M′의 크기가 아니라 M의 크기일 뿐이며, 그가 자본축적을 반복하는 한 이 과정 역시 무한히 반복된다. 위 도식 말미에 필자가 M′- - -M의 형태로 자본축적과정을 표시한 것도 바로 같은 이유에서였다.

자본은 최초에 투하한 자본크기 M이 궁극적으로 자신에게 얼마나 많은 이윤을 가져다주는가에 관심을 기울이는 것이 아니라 매번 생산과정을 마치고 자본축적을 반복할 때마다 그 당시 시점의 투자액에 비춰서 자기가 벌어들인 이득, 곧 이윤을 계산한다. 이게 바로, 자본축적이 진행될 때마다 어째서 자본가는 자신의 투자액을 M′가 아니라 마치 투자를 처음 하는 양 최초의 자본크기인 M처럼 회계장부에다가 계상하는가 하는 이유다. 한마디로 새로운 자본축적을 단행할 때마다 과거의 이윤은 흔적도 없이 사라져 버린다.

이윤율의 경향적 저하법칙을 수식으로 표현하면 그 의미가 좀 더 선명해진다. 예를 들어 A기업이 100억 원의 자본을 투자해서 사업을 시작한다고 가정해 보자. 그는 100억 가운데 50억 원은 인건비, 곧 임금에다가, 나머지 50억 원은 기계 및 원자재에 투자해서 최초의 생산과정을 조직한다. 이때 잉여가치를 만드는 부분은 가변자본인 임금에 해당한다. 만일 50억의 임금이 50억의 새로운 가치, 곧 잉여가치를 창출했다면 잉여가치율은 (50억/50억)×100=100%에 해당한다. 생산과정을 마치면, 임금과 잉여가치가 더해진 100억에다 50억의 기계 및 원자재 가치가 더해져서 150억 상당의 상품이 만들어진다.

이 상품이 시장에서 모두 팔렸다고 가정했을 때, 이 회사는 100억을 투자해서 150억을 벌어들였다. 전체 150억 가운데 새롭게 벌어들인 50억 원이 바로 이윤에 해당한다. 이때 이윤율은 (이윤/총자본)×100이므로 이 경우, 이윤율은 (50억/100억)×100=50%이다.

이 기업이 다음 해, 그다음 해, 자본을 완전히 퇴출시키기 전까지 계속해서 경제활동을 영위해 간다고 가정하면 해당 자본은 다음 해에는 100억이 아니라 150억 원을 투자할 것이다. 이때 해당 기업은 올해에도 이전 연도와 동일한 비율로 임금과 기계, 원자재 등 불변자본에 투자할 수도 있겠지만, 자본의 유기적 구성이 고도화한다면 임금, 곧 가변자본과 불변자본 사이에 투자 비율상의 변화가 나타난다. 일반적으로 자본의 유기적 구성의 고도화는 사회적 생산력 발전의 결과 신기술의 출현으로 기계나 중간원자재 가격이 하락하기 때문에 주로 발생한다.

신기술의 등장으로 10%의 임금을 감축하는 게 가능해졌다면 이는 자본의 유기적 구성에도 직접적으로 영향을 미치게 될 것이다. 이 경우, 자본에게는 두 개의 선택지가 가능하다. 10%의 임금 절약분을 은행에 저축할지 아니면 이 액수만큼 생산을 확대할지 말이다. 자본이 이윤을 목표로 한다면 당연히 후자를 선택할 것이다. 그럴 경우, 인건비를 10% 절감해서 생산을 조직하는 게 가능하고, 가변자본과 불변자본의 비율이 1:1로 같다면 자본 총액 가운데 임금에 투하되는 비용은 75억(50억+25억)에서 10% 절감된 67억 5천만 원이 될 것이다. 이에 비해 기계나 원자재에 투하된 비용은 기존 75억에서 10% 늘어난 82억 5천만 원으로 될 것이다. 잉여가치율이 100%로 이전과 같다면 이윤 역시 67억 5천만 원이 될 것이다.

이 방식으로 새롭게 생산을 조직한 결과, 이 기업의 이윤은 첫 번째 생산, 곧 작년의 이윤인 50억보다 17억 5천만이 늘어난 67억 5천만 원이 되었다. 그런데 자본가에게는 증가한 이윤의 절대크기보다 자신이 투자한 총자본에 비해서 새롭게 증가한 이윤 비율, 곧 이윤율이 초미의 관심사다. 이 경우, 이윤율은 (67억 5천만/150억)×100=45%가 될 것이다.

잉여가치율도 그대로이고 이윤 역시 기존 50억 원에서 17억 5천만 원이 증가한 67억 5천만 원으로 절대적 크기 측면에서는 커졌음에도 불구하고 정작 자본이 가장 관심을 기울인 이윤율은 1년 전의 50%에서 올해는 45%로 5%가량 하락한 것으로 나타났다. 생산을 지속할수록, 다른 말로 자본주의가 발전하면 할수록 이처럼 잉여가치와 이윤의 절대적 크기는 증가함에도 총자본과 이윤의 상대적 비율이 점차 감소하는 현상은 필연적이다. 마르크스는 이러한 현상을 '이윤율의 경향적 저하법칙'이라고 불렀다.

그런데 이윤율 저하현상은 근본적으로는 기술혁신이 비약적으로 진전된 결과, 기계 등 고정자본비용을 절감시켜 줌으로써 기계설비는 기하급수적으로 증가하는 것에 비해 신규설비에 투하되는 인력은 산술급수적으로 늘어나기 때문에 발생하는 것이다.

이처럼 이윤율 저하가 일어난 가장 중요한 요인은 근본적으로 사회적 생산력의 급속한 발전 때문이다. 사회적 생산력 발전이 자본의 유기적 구성을 한층 고도화함으로써 기계, 원자재 등 불변자본의 증가속도가 임금에 해당하는 가변자본의 증가속도를 비율적으로 훨씬 앞서기 때문에 일어나는 경제현상이 바로 이윤율의 경향적 저하법칙이다.

여기서 중요한 것은 이윤율의 경향적 저하법칙이라기보다 이 법칙이 자본주의 사회의 경제발전에 함축하고 있는 의미일 것이다. 마르크스에 따르면 이윤율이야말로 자본주의적 생산의 가장 큰 추동력이다. 자본주의적 생산이 이루어지는 경우란 오직 이윤이 만들어질 수 있고 또 이윤이 생산되는 한에 있어서일 뿐이다. 그래서 영국의 고전파 경제학자들은 이윤율의 경향적 하락현상을 대단히 우려했다.

마르크스는 영국의 대표적인 고전파 경제학자인 리카도를 예로 들어서 이윤율의 저하가 자본주의 사회의 발전과 맺고 있는 함수관계에 대해 다음과 같이 언급했다.

리카도가 이윤율이 점차 하락할 가능성에 대해 우려했던 것은 바로 자본주의적 생산조건에 대한 그의 깊은 이해를 나타내 주는 것이다. 리카도에 대해서 그가 자본주의적 생산을 논의하면서 '인간'의 문제에 관심을 기울이지 않은 채 인간과 자본가치가 어떤 대가를 치르든지 개의치 않고 생산력의 발전에만 주의를 기울였다고 비난하는 것, 바로 그것이 리카도에 있어서 중요한 부분이다(CW37:259).

그런데 사회적 생산력의 비약적 발전이야말로 자본의 시대적 과제이며 그것의 권리이다. 바로 이를 통해서 자본은 무의식중에 보다 고도의 생산형태를 위한 물질적 조건을 창출한 것이다. 리카도가 불안해했던 것은 이윤율, 즉 자본주의적 생산의 촉진제이며 또 축적의 조건이자 추동력이기도 한 그 이윤율이 생산의 발전에 따라 위태로워지기 때문이다(CW37:259). 바로 이 대목에서 마르크스는 이윤율의 경향적 저하가 지닌 정치경제적 함의를 자본주의의 역사적 한계와 연관 지었다.

사실 여기에는 리카도가 어렴풋하게만 알고 있던 보다 깊은 무엇이 자리하고 있다. 그리하여 여기에서 순수 경제학적 방식으로,

즉 부르주아적 입장에서, 곧 자본주의적 생산 그 자체의 관점에서 그것의 한계이자 그것의 상대적 성격이기도 한 사실, 곧 자본주의적 생산양식이 결코 절대적인 생산양식이 아니라 단지 물질적 생산 제 조건의 일정한 발전 시기에 상응하는 하나의 역사적 생산양식일 뿐이라는 사실이 드러난다(CW37:259).

제9장
자본주의 사회 이후

마르크스는 자본주의의 역사적 임무를 사회적 생산력 발전에서 발견한다. 하지만 이 과정은 사회 전체의 수요와 공급이 일치하여 인력이나 자원의 낭비 없이 진행되는 방식이 아니다. 사회적 생산력의 발전 결과, 한편에서는 노동자들이 더 이상 하나의 노동에 종속될 필요가 없을 정도로 보편노동이 현실화되고 있다.

그런데 다른 한편으로 자본주의 경제는 공황을 주기적으로 야기할 정도로 과잉생산을 일반화하여 만성적 경기침체를 야기한다. 그 결과가 바로 구조적 실업사태와 국가 부조로 생계를 연명하는, 켄 로치 감독의 영화 속 주인공 다니엘 블레이크와 같은 계급계층의 지속적 증가다.

　자본의 과잉생산이란 자본으로써 기능할 수 있는, 즉 일정 착취
도로 노동을 착취하기 위해 사용할 수 있는, 바로 다름 아닌 노동
수단과 생활수단을 구성하는 생산수단의 과잉생산 이외의 어떤
것도 아니다. 그것은 이런 착취도가 어떤 수준 이하로 떨어져서
자본주의적 생산과정의 교란과 정체, 즉 공황, 자본의 파괴가 야
기됨으로써 나타난다. 이런 자본의 과잉생산이 어느 정도 상대
적 과잉인구의 증가와 함께 나타나는 것은 전혀 모순이 아니다.
노동생산력을 높이고 상품생산량을 증대시키고 시장을 확장하
며 자본량은 물론 자본가치의 축적도 함께 촉진시키고 또 이윤율
도 저하시키는 이 모든 여건들이 상대적 과잉인구를 창출하며 또
한 끊임없이 창출한다. 즉 자본이 사용할 수 있는 수준보다 더 낮
은 노동착취도 때문에 혹은 일정 노동착취도에서 요구하는 수준
보다 더 낮은 이윤율 때문에 과잉자본에 의해 고용되지 않는 과
잉 노동인구를 창출한다(CW37:255-256).

　그렇다면 인류 역사상 유례없는 생산력 발전이 어째서 산노

동을 파괴하는 형태로 진행될 수밖에 없는가? 그것은 바로 자본에게 있어서는 노동생산력 증대의 법칙이 무조건 타당한 것은 아니기 때문이다.

자본의 입장에서는 살아 있는 노동이 아니라 살아 있는 노동의 지불되는 부분이 과거의 죽은 노동에 비해 더 많이 절약될 경우에만 생산력이 증가하는 것으로 된다. 여기에서 자본주의적 생산양식은 새로운 모순에 빠지게 된다. 그것의 역사적 소명은 인간의 노동생산력을 무조건 기하급수적인 속도로 발전시키는 것이다. 그런데 여기에서 이야기한 바와 같이 그것이 생산력의 발전을 저지하게 된다면, 그것은 자신의 역사적인 소명에 불성실한 것이 된다. 따라서 여기에서 다시 자본주의적 생산양식이 점차 노쇠해져서 쓰러져 가리라는 것이 드러나게 되는 것이다 (CW37:262).

마르크스는 "자본주의적 생산의 진정한 장애물은 자본 그 자체"(CW37:250)라고 단언한다. 이는 자본의 자기 증식, 곧 잉여가치가 자본주의적 생산의 출발점이자 종점이며, 동기이자 곧 목표로 나타나는 것을 의미한다. 즉 여기에서 생산은 자본을 위한 생산에 불과하지 역으로 생산수단이 단지 생산자들의 사회를 위해 생활과정을 끊임없이 확장, 형성해 나가기 위한 수단은 아니다.

자본가치의 증식을 진행하는 데 있어 장애 요인은 잉여가치의 증식이라는 자본의 목적과 사회적 노동생산력의 무조건적인 발전을 향한 생산방법이 끊임없이 모순관계에 빠진다는 것이다. 사회적 생산력의 무조건적인 발전을 향한 수단은 기존 자본의 증식이라는 한정된 목적과 끊임없는 갈등관계에 빠진다. 따라서 자본주의적 생산양식이 물질적 생산력을 발전시키고 그에 상응하는 세계시장을 창출하기 위한 하나의 역사적 수단이라면, 그것은 동시에 이러한 자신의 역사적 과제와 그에 상응하는 사회적 생산관계 간의 끊임없는 모순이기도 하다(CW37:250).

그렇다면 마르크스가 구상한 자본주의 사회 이후의 소유형태와 그러한 소유형태를 실현시키는 경제 메커니즘은 어떤 모습일까? 이 역시 『자본론』을 통해 소개되고 있지만 그것의 구체적 형태는 여전히 스케치 수준의 단상에 머물고 있다고 평가할 수 있다. 그럼에도 불구하고 마르크스는 자본주의 이후 사회가 도래할 수 있는 전제조건으로서 일정한 수준에 도달한 사회적 생산력 발전, 곧 고도의 경제력을 들고 있음이 명백하다. 다시 말해서, 자본주의 이후 사회가 온전한 모습을 갖추고 자신의 역사적 운동을 개시하기 위해서조차 일정 수준에 도달한 자본주의적 생산력의 발전은 필수적이다.

사회적 생활과정, 즉 물질적 생산과정의 자태는 그것이 자유롭게 사회화된 인간의 산물로서 인간의 의식적이고 계획적인 통제 아래 놓일 때 비로소 그 신비의 베일을 벗는다. 그러나 그렇게 되려면 사회의 물질적 기초, 그 자체 또한 장구하고 고통에 찬 발전사의 한 자연발생적 산물인 일련의 물질적 존재조건을 필요로 한다 (CW35:84).

자본주의 이후 사회에 대한 마르크스의 정치경제학적 통찰은 두 가지 측면에서 일관성을 띤다. 하나는 자본주의적 소유형태인 사적 소유제의 폐지와 새로운 사회적 소유형태의 창출

이다. 다른 하나는 노동시간으로 측정되는 가치법칙의 유효성
이다.

이 둘 간의 관계를 정리하면, 사적 소유제야말로 노동시간에
의한 가치결정, 곧 가치법칙을 자본주의적 착취양식인 잉여가
치 생산의 형태로 전환시킨 결정적 원인이다. 그러므로 자본주
의적 사적 소유제를 폐지할 수 있다면 노동시간에 의한 가치결
정 또한 잉여가치 생산으로 귀결하지 않을 것이다.

자본주의적 생산양식으로부터 생겨난 자본주의적 이윤 취득양
식, 곧 자본주의적 사적 소유는 자기 노동에 기초한 개인적인 사
적 소유에 대한 제1의 부정이다. 그러나 자본주의적 생산은 하나
의 자연적인 과정의 필연성에 따라 그 자신의 부정을 낳는다. 즉
부정의 부정인 것이다. 이 부정은 사적 소유를 다시 생산하지는
않지만 자본주의 시대의 획득물, 즉 협업과 토지 공유 및 노동 자
체에 의해 생산되는 생산수단의 공유를 기초로 하는 개인적 소유
를 만들어 낸다(CW35:715).

노동시간으로 측정되는 가치 개념은 자본주의 이후 사회에

서도 생산을 조직하는 핵심적 경제원리로 지속적 의미를 지닌다. 자본주의 이후 고도로 발전한 사회적 경제체제에서도 노동시간에 의한 가치결정 외에 대규모의 사회적 생산을 조직할 수 있는 경제원리란 달리 존재할 수 없는 것으로 여겨지기 때문이다.

자본주의 이후의 사회에서 노동의 성격이 자본주의의 그것과는 질적 차이를 보이지만, 그러한 노동 역시 물질적 생산의 형태를 띠어야 하므로 가치법칙의 연속선상에 있어야 함은 주지의 사실이다. 이는 인간노동이 시간의 경제에 의해 수량화되는 현상 자체에 대해 미리 적대적 태도를 취할 필요는 없다는 말이기도 하다.

자본주의적 생산양식을 철폐한 후에 그러나 여전히 사회적 생산을 유지하는 단계에서 노동시간의 규율, 다양한 생산집단 사이의 사회적 노동의 분배 및 궁극적으로 이 모든 것을 포괄하는 부기簿記는 그 어느 때보다도 본질적이 된다는 의미에서 가치의 결정은 계속 통용된다(CW37:851).

마르크스는『자본론』에서 노동시간에 의한 가치결정, 곧 가치법칙과 자본주의 이후 사회로의 이행의 기획을 명시적으로 연관 짓는 문제의식을『자본론』의 처음과 마지막 부분, 곧 I권 1편 1장과 III권 마지막 부분인 7편 53장에서 서술하고 있다. 마르크스는 이미『자본론』연구노트인『정치경제학비판 요강』에서 사회적 노동시간을 어떻게 기획하느냐의 문제가 자본주의 이후의 생산에 있어서도 결정적으로 중요하다는 점을 역설했다.

> 궁극적으로, 모든 경제는 시간의 경제, 곧 시간 절약이 관건이다. 한 개인이 그의 활동에 대한 다양한 요구를 만족시키기 위해 또는 적절한 비율로 지식을 획득하기 위해서 그의 시간을 정확하게 할당해야만 하는 것과 마찬가지로, 사회 역시 그의 시간을 적절하게 배분하여 그 사회의 총욕구에 조응하는 생산을 획득해야만 한다. 따라서 다양한 생산 분야 사이의 노동시간의 계획적 배분과 같은 시간의 경제는 공동적 생산의 근거 위에서 첫 번째 경제법칙으로 남는다. 그것은 정말 상당한 정도로 법칙이 된다 (CW28:109).

노동시간의 계획적 배분은 자본주의 이후의 생산방식에 있어서도 중요한 경제요소이다. 그렇다면 자본주의 사회의 가치법칙과 자본주의 이후 사회의 가치법칙은 어떤 점에서 차별성을 보이는가? 그것은 무엇보다 각 사회의 경제활동의 목적과 그에 따른 생산 목표의 차이에 의해 주어질 것이다.

중세 유럽을 하나로 통합한 이데올로기 구조로서의 기독교를 대신해서 상품, 화폐, 시장으로 상징되는 자본주의 경제체제가 등장했다. 자본이 세계 전체를 표상하는 보편권력으로 부상함에 따라 인간노동 역시 여타의 다른 사회적 활동과 내적 연관성을 상실한 채 자체적인 내적 법칙에 의해 움직이는 자동기구와 같은 불가해한 구조로 전환했다.

경제란 근대 부르주아의 이데아와 같다. 그래서 마르크스는 "자본은 부르주아 사회의 모든 것을 지배하는 경제적 힘Capital is the economic power that dominates everything in bourgeois society"(CW28:44)으로 규정했다.

자본주의 이후 사회에서는 이와는 정반대이다. 다시 말해서, 인간적 행복을 추구하는 다양한 활동, 삶의 긍정적 에너지가 경제활동의 목표로 사회적 생산의 성격을 규정한다. 마르크스는 자본주의 이후 사회에서 노동시간이 지니는 이중적 의미에 대해 다음과 같이 주장한다.

공동의 생산수단으로 노동하면서 자신들의 많은 개인적 노동력을 하나의 사회적 노동력으로서 자각적으로 지출하는 자유인들의 공동체를 생각해 보자. … 상품생산과 대비시켜 보기 위해서 여기서는 다만 각 생산자에게 돌아가는 생활수단의 배당이 각자의 노동시간에 의해 규정된다고 전제하자. 그렇게 하면 노동시간은 이중의 역할을 수행하게 된다. 사회적으로 계획된 노동시간의 배분은 다양한 욕망에 대한 각종 노동기능상의 정확한 비율을 규제한다. 동시에 다른 한편으로 노동시간은 생산자의 공동노동에 대한 개별적 참가 정도를 재는 척도로서 이용된다. 그리하여 공동생산물에서 개별적으로 소비할 수 있는 부분 중 생산자 개인의 몫을 재는 척도로서도 이용된다. 여기서는 사람들이 자신들의 노동이나 노동생산물에 대해서 갖는 사회적 관계가 생산에 있어서나 분배에 있어서나 한결같이 투명하고 단순하다 (CW35:82-83).

이것을 자본주의 사회와 자본주의 이후 사회 사이의 가치법칙의 차이라는 관점에서 조망해 보자. 자본주의 사회의 가치법칙은 노동과정의 기획을 통해 사회를 재구조화하는 생산의 기획, 곧 필연의 기획이라 할 수 있다.

반면 자본주의 이후 사회의 가치법칙은 경제와 생산 외부의 가처분시간으로 구성되는 다종다양한 사회적 욕구로부터 생산과 노동활동을 거꾸로 규정해 들어가는 생활의 기획, 곧 자유의 기획이다. 자유의 영역에서 발생하는 사회적 욕구란 양적인 면에서는 물론이고 더욱 중요하게는 질적인 면에서도 사람마다 똑같을 수 없기 때문에 인간노동의 성격 역시 질적 차이를 보인다고 할 수 있다.

자유의 영역은 사실상 궁핍과 외적 합목적성에 의하여 지시되는 노동이 없어지는 곳에서 비로소 시작된다. 따라서 그것은 사물의 본성으로 보아 본래의 물질적 생산 분야의 맞은편에 있는 것이다. 미개인이 자기의 욕망을 충족시키며 자기의 생활을 유지하고 재생산하기 위하여 자연과 투쟁하지 않을 수 없듯이, 문명인도 그러한 투쟁을 하지 않을 수 없으며, 어떤 생산양식에서도 그러한 투쟁을 하지 않을 수 없다. 인간이 발전함에 따라 이 자연적 필연의 영역이 확대되는데, 그것은 인간의 욕망이 확대되기 때문이다. 그러나 동시에 욕망을 충족시키는 생산력도 확대된다. 이 영역에서의 자유는 오직 사회화된 인간, 연합된 생산자들이 자연과 자기들의 물질대사를 합리적으로 조절하고 이 물질대사가 맹목적인 힘으로 그들을 지배하지 않도록 자기들의 공동통제 밑에 두며, 가장 적게 힘을 들이고, 그들의 인간성에 가장 알맞고, 가장 적합한 조건하에서 물질대사를 수행하는 데서만 존재할 수 있다. 그러나 이것은 여전히 역시 필연의 영역이다. 필연의 영역 맞은편에서 자체 목적으로서의 의의를 갖는 인간의 힘의 발전이 시작되고 자유의 진정한 영역이 시작된다. 그러나 자유의 영역은 이 필연의 영역을 토대로 해서만 꽃피울 수 있으며, 무엇보다 노동일을 줄이는 것이 기본조건이다(CW37:820).

위와 같은 언급을 통해 마르크스가 자본주의 이후 사회의 성격과 관련된 중요한 이론적 내용을 분석하고 있음을 확인할 수 있다. 논의의 핵심은 다음과 같다. 자본주의 사회로부터 사회적 계획을 실현시키는 새로운 공동체 사회로의 이행은 노동 또는 생산영역의 성격 변화만으로는 성취할 수 없다는 점이다.

인간노동에 그 어떤 미사여구를 갖다 붙인다 해도 노동은 물질적 생산으로서의 노동일 따름이다. 그런 한에서 자유의 영역으로 명명된 진정한 인간적 생활영역은 외적 합목적성에 의하여 지시되는 노동 분업이 사라진 곳에서 비로소 시작된다.

사회적 노동을 실현하는 경제체제 역시 사적 소유제라는 협소한 지평을 넘어선다 하더라도 여전히 '필연의 영역'에 속한다. '필연의 영역' 맞은편에서 그 자체의 목적을 갖는 인간의 진정한 힘의 발전이 시작되고 '진정한 자유의 영역'이 시작될 수 있다.

그럼에도 불구하고 '자유의 영역'은 '필연의 영역'에 속한 사회적 노동을 토대로 해서만 꽃피울 수 있다. 그렇기 때문에 노동시간 단축이 인간의 자유를 위해 주요한 전제조건이라는 마르크스의 언급을 통해서 『자본론』의 정수인 노동시간에 의한 가치결정, 곧 가치법칙이 그 의미를 전혀 달리한 채, 자본주의 이후 사회에서도 핵심적 경제원리로 작동하고 있음을 알 수 있다.

마르크스가 편집장으로 일했던 〈라인신문〉은 프로이센 검열
당국과 힘겨운 싸움을 벌이다가 1843년 3월에 폐간되기에 이
른다. 〈라인신문〉 폐간에 즈음해 동 신문은 프로메테우스의 고
행에 비유하는 삽화를 게재했다. 인간에게 불을 전해 줬다는
이유로 주신인 제우스의 노여움을 사서 독수리에게 간을 쪼아
먹히는 극형에 처해진 프로메테우스!!!

쪼아 먹히면 밤에 다시 생겨나서 다음 날 또 다시 먹히는, 그
언제 끝날지 모를 고통에도 끝내 자신의 의지를 굽히지 않던
정의와 불굴의 표상으로서의 프로메테우스의 형상이야말로 마
르크스에게 닥칠 고난에 찬 삶을 예견해 주는 것이기도 했다.

사람들은 흔히 아버지가 뛰어나면 자식들은 평범한 법이며,
마찬가지로 위대한 사상가 문하에서 그에 버금가는 훌륭한 제
자가 나올 수 없다는 사실을 일종의 상식으로 받아들이는 듯하

〈라인신문〉 종간호에 실린 프로메테우스 삽화

다. 이러한 상식 아닌 상식을 가장 잘 표현한 것이 헤겔 이후 마르크스를 포함한 청년 헤겔파를 지칭해 '에피고넨의 시대'라고 일컫는 말이다. '에피고넨'이라는 독일어를 직역하면 '모방자들' 혹은 '후예들'이다. 하지만 그러한 용어를 쓴 저자의 의도를 충실히 살리면, 헤겔이라는 부처님 손바닥 안에서 놀고 있는 고만고만한 사유의 난쟁이들쯤으로 비유해서 이해할 수 있을 것이다.

마르크스가 청년 헤겔파의 일원이었을 때는 그 역시 한 명의 에피고넨에 불과했다. 하지만 마르크스는 필사적으로 청년 헤겔파로부터 탈출하여 헤겔과 전혀 다른 자신만의 독자적인 정치사상을 구축했다. 어떻게 그만이 이러한 단절을 실현하여 헤겔의 에피고넨이 아니라 스승 헤겔을 넘어서서 밀레니엄을 대표하는 인류의 사상가로 우뚝 설 수 있었을까?

마르크스의 성공은 무엇보다 사유와 현실을 일치시킬 수 있는 능력에서 비롯되었다고 생각한다. 여기서 말하는 현실이란 우리가 살고 있는 세계, 그 자체의 실정이며, 구체적으로는 자본주의 사회에서 노동자 계급과 민중이 처한 현실이다. 영국 빅토리아 시대에 유행하던 '고백' 게임에서 마르크스는 "당신이 가장 좋아하는 경구는 무엇입니까?"라는 딸들의 물음에 "인간적인 것 가운데 나와 무관한 것은 없다"고 답했다. 인간사에 대한 끊임없는 관심과 애정이야말로 바로 밀레니엄의 사상가 마르크스의 『자본론』을 있게 한 근원이었다.

마르크스는 '유머'와 '위트'로 가득 찬 인물이었다. 흔히들 유머라고 한다면 단순한 익살을 떠올릴지도 모른다. 하지만 인간의 영혼을 정화시키는 해학과 골계미로서의 유머는 고대 그리스인들과 셰익스피어가 용기나 지혜에 앞서 인격의 완성태로 꼽았던 바로 그러한 정신세계이다. 아니, 용기나 지혜의 일정 경지를 통해서야 비로소 완숙해질 수 있는 인간 성품이 바로 유머라고 보는 게 보다 정확한 해석일 것이다. 마르크스의 유머와 위트를 잘 드러내 주는 일화를 소개해 보도록 하자.

딱 한 번 마르크스는 화를 낸 적이 있는데, 그것은 의사였던 친구 쿠겔만의 집을 찾아온 한 손님이 공산주의에서는 누가 구두를 닦느냐고 물었을 때였다. 마르크스는 화가 나서 쏘아붙였다.

"당신이 닦으쇼."

쿠겔만의 부인은 분위기를 누그러뜨리기 위해 얼른 농담을 한마디 던졌다. 마르크스의 취향과 습관은 철저히 귀족적이기 때문에, 그가 진실로 평등한 사회에서 살아가는 모습은 상상할 수 없다고 말한 것이다. 그러자 마르크스는 대꾸했다.

"나도 상상할 수가 없소. 그런 시대가 반드시 오겠지만, 그때 우리는 이미 세상에 없을 거요"(윈, 2003:408).

세상의 온갖 희비극과 우환, 게다가 질병의 총전시장과 같았던 마르크스가 강인한 의지로 버티어 내고 자신의 아이들이 질병과 기아로 연달아 죽어 넘어가는 슬픈 현실마저 감내할 수 있었던 힘, 그리고 위대한 사상가로, 노동자 계급의 지도적 인물로 자리매김할 수 있었던 원초적 정신이 바로 유머가 아니었을까? 마르크스에게 유머의 감성은 한편으로는 어떤 난관도 돌파할 수 있는 불굴의 의지를 부여하는 '여유'로 외화하며, 다른 한편으로는 그 누구도 부러워할 수밖에 없는 빛나는 지혜와 결합되어 마르크스를 『자본론』과 같은 대작을 낳게 한 초인적 능력의 소유자로 만들어 주었다.

마르크스는 사랑하던 딸들과 즐겨 했던 '고백' 게임에서 '가장 혐오하는 악덕'을 '노예근성'이라고, '행복'이란 '싸우는 것', 그리고 '불행'은 '굴복하는 것'이라고 답했다. 그리고 "당신의 좌우명은 무엇입니까?"라는 질문에는 "모든 것을 의심하라"라는 유명한 답변을 남겼다.

마르크스는 죽기 직전까지 투쟁의 나날들이 가장 보람된 삶의 모습임을 일관되게 보여 주는 것을 잊지 않았다. 『마르크스 평전』의 저자인 프랜시스 윈은 "마르크스에게 자신의 묘비명을 직접 고르라고 했다면 어떤 말을 골랐을까?"라는 흥미 있는 물음을 던지며 다음과 같이 자신의 책을 끝맺었다.

마르크스는 1880년 여름, 램즈게이트에서 휴가를 보내다가 미국 저널리스트 존 스윈턴을 만났다. 그는 〈뉴욕선〉이라는 잡지에 '프랑스와 영국 여행'이라는 연재물을 쓰고 있었다. 스윈턴은 늙은 가장이 손자들과 함께 해변에서 노는 모습을 지켜보다가, 어스름 녘에 인터뷰를 허락받았다. 그는 이렇게 보도하고 있다.

우리는 바닷가에서 잔을 부딪치며 세상, 사람, 시간, 사상에 대해 이야기를 나누었다. 기차는 아무도 기다리지 않고, 밤은 코앞에 다가왔다. 이 시대와 또 다른 모든 시대의 수다와 황폐에 대해 생각하다가, 이날의 이야기와 저녁의 장면들에 대해 이야기를 하다가, 내 마음속의 존재의 마지막 법칙에 관한 질문이 떠올랐다. 나는 이 현자에게 그 답을 구하고 싶었다. 그가 언어의 깊은 곳들로 내려갔다가 다시 강조를 위해 높은 곳으로 올라오던 도중, 잠시 침묵이라는 공간이 형성되었을 때, 나는 이 혁명가이자 철학자에게 다음과 같은 숙명적인 말을 던졌다.

"무엇입니까?"

잠시 그의 정신이 물구나무를 선 것 같았다. 그는 앞에서 포효하는 바다와 해변을 불안하게 떠도는 수많은 사람들을 물끄러미 바라보고 있었다.

"무엇입니까?"

나는 그렇게 물었고, 이에 대해 그는 낮고 엄숙한 목소리로 대답했다.

"투쟁이지!"

처음에는 절망의 메아리를 들은 것 같았다. 그러나 어쩌면 그것이 삶의 법칙인지도 모르겠다(윈, 2003:523).

참고문헌

Marx, K. & F. Engels, *Collected Works*(=CW), Moscow: Progress Publishers.

CW vol. 1. 1835-1843: Letters, pp. 379-400.

CW vol. 6. 1845-1848: The Poverty of Philosophy, pp. 105-212.

CW vol. 24. 1874-1883:

      Critique of the Gotta Programme, pp. 75-99.

      Karl Marx's funeral(Engels), pp. 467-471.

CW vol. 28. 1857-1861:

      Outlines of the Critique of Political Economy(=Grundrisse).

CW vol. 29. 1857-1861:

      Outlines of the Critique of Political Economy(=Grundrisse), pp. 5-256.

      A Contribution to the Critique of Political Economy, pp. 257-420.

CW vol. 35: Capital I.

CW vol. 36: Capital II.

CW vol. 37: Capital III.

강석재·이호창 편역, 『생산혁신과 노동의 변화: 포스트 포드주의 논쟁』,
      새길, 1993.

벌린, 이사야, 『칼 마르크스』, 안규남 역, 미다스북스, 2012.

윈, 프랜시스, 『마르크스 평전』, 정영목 역, 푸른숲, 2003.

장시복, "한국에서 『자본론』의 수용과 번역: 일제 강점기~1980년대," 『마르크스주의 연구』 13권 1호, 2016.

최형익, "『자본』의 방법: 변증법과 과학으로서의 정치경제학," 『마르크스주의 연구』 13권 1호, 2016.

파인, 벤·알프레도 새드-필호, 『마르크스의 자본론』, 박관석 역, 책갈피, 2006.

Shaiken, H., *Work Transformed: Automation and Labor in the Computer Age*, New York: Holt, Rinehart and Winston, 1984.